Bruno Gendron

L'essentiel de la Micro-économie

4e édition

Gualino

lextenso éditions

LES CARRÉS

Cette collection de livres présente de manière **synthétique, rigoureuse** et **pratique** l'ensemble des connaissances que l'étudiant doit posséder sur le sujet traité. Elle couvre :

- **le Droit et la Science Politique ;**
- **les Sciences économiques ;**
- **les Sciences de gestion ;**
- **les concours de la Fonction publique.**

70, rue du Gouverneur Général Éboué
92131 Issy-les-Moulineaux cedex
ISBN 978 - 2 - 297 - 03928 - 4
ISSN 1288-8206

PRÉSENTATION

Ce livre a pour ambition de présenter en 15 chapitres l'essentiel de la micro-économie. Dans une première partie, les conditions générales de l'analyse microéconomique seront examinées. À partir d'une définition précise et commentée de la micro-économie, nous ferons une exploration synthétique et rigoureuse du mode de raisonnement de cette discipline. Dans une deuxième et troisième partie, nous détaillerons successivement le comportement du consommateur et du producteur. Le consommateur cherche à maximiser sa satisfaction sous contrainte de son revenu. Le producteur cherche quant à lui à maximiser son profit ou à minimiser ses coûts de production. Dans une quatrième partie, il conviendra de montrer comment les divers comportements individuels se coordonnent. C'est le marché qui assure ce rôle. On montrera les différents types de marchés, en concurrence, d'abord parfaite, puis imparfaite. Dans une cinquième partie, nous aborderons successivement le rôle des prix en micro-économie, la concurrence imparfaite et les principales limites de cette discipline.

L'approche mathématique, habituellement privilégiée en micro-économie, sera présente dans cet ouvrage mais l'effort de l'auteur est de donner une compréhension littérale à cette matière. Nous illustrerons nos propos d'exemples et d'applications pratiques.

Ce livre est destiné au public suivant :

- étudiants des filières universitaires en Droit, Sciences économiques, AES (Licence et Master) ;
- étudiants de gestion ;
- étudiants des IUP, IUT – GEA et Techniques de commercialisation.

SOMMAIRE

2

La théorie du consommateur

3

La théorie du producteur : la maximisation de la production et du profit

4
Le fonctionnement et les différents types de marché

Introduction

Chapitre 1

1 Définition de la micro-économie

La *micro-économie* est une branche de l'économie qui, comme l'écrit Lionel Robbins (1898-1984), est « *la science du comportement humain qui relie des fins supposées illimitées à des moyens rares et incertains, à usage alternatif* ». Cette discipline s'attache donc à l'étude du comportement humain ici considéré à l'échelon individuel, dans sa capacité à allouer, de façon optimale, ses ressources supposées rares et incertaines. Les économistes considèrent les fins (entendues au sens de finalités ou d'objectifs) comme illimitées. Autrement dit, il s'agit :

- ni de qualifier ces objectifs : que l'individu consomme des fruits et légumes ou des produits stupéfiants, qu'il ne consomme que des produits de marque ou au contraire des produits du « hard-discount », qu'il produise des voitures ou de l'armement, qu'il produise principalement avec des machines et avec moins de travail, il n'appartient pas à l'économiste d'en juger ; c'est la manière subjective pour l'agent de déterminer ses objectifs ;
- ni d'en déterminer a priori le niveau : l'économiste n'a pas à prédéterminer le niveau de satisfaction que le consommateur souhaite atteindre ni l'importance du profit que l'entrepreneur veut réaliser ; c'est à l'agent individuel (on reviendra sur l'usage de ce terme) de le faire, au terme d'un calcul économique.

L'agent souhaite a priori atteindre son objectif de la façon la meilleure pour lui, tout en respectant les contraintes qui s'imposent à lui en terme de ressources. Dès lors, il devra arbitrer, faire un choix entre deux biens pour le consommateur, deux facteurs de production pour le producteur (le travail et le capital). C'est ce qu'il faut entendre lorsqu'on utilise l'expression « ***usage alternatif*** » :

l'usage d'une certaine quantité d'un bien conduit l'agent à renoncer à tout ou partie de l'usage d'un autre bien.

On considère donc que l'agent est apte à faire un calcul économique coût-avantage, le conduisant à choisir la meilleure façon d'allouer ses ressources (la répartition des deux biens pour le consommateur, celle du travail et du capital pour le producteur). De plus, il adopte ce comportement de façon ***indépendante*** : ce qui signifie qu'il le fait sans tenir compte de celui des autres agents. Par exemple, dans la plupart des cas, un consommateur cherche à maximiser sa satisfaction sans se préoccuper de la manière dont les biens sont fabriqués et indépendamment de l'offre disponible ; de même, le producteur fabrique les biens avec comme seul objectif la maximisation de son profit sans se préoccuper des impacts possibles sur les consommateurs et indépendamment de la demande de ces derniers. Cette remarque tient au fait que les fins sont supposées illimitées ; il faut donc considérer seulement le cadre théorique retenu et non une prise de position à propos des entreprises et des consommateurs.

Par ailleurs, définissons d'emblée la notion de ***rareté*** : un bien est dit rare lorsqu'il est ***produit en quantité limitée*** ; il faut donc ne pas s'en tenir au sens commun du mot rareté : des bouteilles d'eau minérale ne sont en effet pas considérées comme rares dans les pays occidentaux, au sens habituel de ce mot. Mais pour les économistes, même si on fabrique un million de bouteilles d'eau par jour, elles seront supposées être rares puisqu'elles n'existent que parce qu'elles résultent d'un acte de production, lequel ne peut être que quantitativement limité. Par opposition, l'air que nous respirons constitue un ***bien libre*** puisqu'il n'est pas produit et que sa quantité est illimitée.

2 La micro-économie se veut une approche positive

Cette discipline de l'économie adopte dès lors une démarche ***positive*** au sens où elle s'attache à décrire ce qui est : comment les agents économiques effectuent l'allocation de leurs ressources, de façon optimale ; en quelque sorte, la micro-économie consiste pour un agent à faire une ***analyse coût – avantage*** entre des situations alternatives. On cherchera donc à comparer les avantages résultant du choix de l'individu au coût qu'il engage pour y parvenir. Elle ignore les aspects ***normatifs*** (ce qui devrait être). Par exemple, le commerce équitable sera saisi comme l'une des façons d'optimiser sa satisfaction (un agent peut en effet préférer acheter des produits qui garantissent un revenu aux producteurs locaux, de façon durable), plutôt que comme une forme de consommation citoyenne qu'il conviendrait d'atteindre.

3 La situation de la micro-économie dans la pensée économique

Pour situer rapidement cette discipline dans la pensée économique, elle succède à la pensée classique (fin du XVIIIe siècle et début du XIXe siècle) en en adoptant le postulat essentiel : celui de l'existence de lois économiques naturelles censées ramener le système économique spontanément à l'équilibre, tout en promouvant l'optimisation des intérêts privés. La micro-économie s'intéresse justement à la façon dont les agents optimisent leur intérêt privé. Parmi les auteurs de la micro-économie, citons Menger (1840-1921) et Jevons (1835-1882) qui se sont attachés à rechercher comment il est possible de mesurer, de façon numérique (mesure cardinale), l'utilité d'un bien, entendu au sens du plaisir que l'usage de ce bien procure au consommateur. Quant à Marshall (1842-1924), il s'est intéressé à la notion de marché en équilibre partiel : il s'agit ici de considérer l'équilibre sur un marché particulier (exemples : équilibre sur le marché du pétrole ou celui du travail). Dès lors, il n'y a pas nécessairement, selon lui, équilibre sur l'ensemble des marchés. Enfin, selon Walras (1834-1910), il est possible de déterminer une situation d'équilibre général dans laquelle, si l'économie comporte n marchés et si n-1 marchés sont en équilibre, alors le $n^{ième}$ l'est aussi.

Dans cet ouvrage, nous nous attacherons tout d'abord à présenter quelques considérations générales permettant de bien comprendre les hypothèses et la méthodologie adoptées par la micro-économie. Puis nous présenterons d'une part le comportement du consommateur, d'autre part celui du producteur (vu à la fois sous l'angle de la production et du profit, et sous l'angle des coûts de production). Nous aborderons ensuite la notion de marché et les différents marchés en insistant sur le comportement spécifique du producteur selon le type de marché. Enfin, nous traiterons de la concurrence imparfaite pour, *in fine*, mettre en évidence ce que la micro-économie peut analyser et sa nécessaire complémentarité avec d'autres disciplines économiques.

PARTIE 1

Considérations générales et hypothèses fondamentales

Quelques considérations générales

CHAPITRE 2

Dans ce chapitre, nous allons exposer l'ensemble des considérations méthodologiques et les principales hypothèses retenues en micro-économie ; elles valent pour l'ensemble des chapitres qui suivent. Elles ont donc un caractère transversal qu'il convient de présenter dès maintenant. En particulier, il est indispensable de bien comprendre ce qu'est le raisonnement marginal car les théories du producteur et du consommateur, au cœur de l'analyse économique, adoptent ce mode de raisonnement.

1 L'individualisme méthodologique

■ La micro-économie et les comportements individuels

La micro-économie s'intéresse aux comportements individuels. Mais il est bien évident qu'elle ne peut en réalité pas appréhender chacun des comportements au niveau personnel. Dès lors, nous allons admettre que, pour un comportement donné, tous les agents adoptent la même façon de construire leurs arbitrages, ils sont donc tous supposés rationnels.

■ Le comportement des producteurs et des consommateurs

a) Le comportement des producteurs

Par exemple, un producteur fabrique des armes ou des machines outils, un autre des appareils de purification de l'air ou de l'eau ; un agriculteur pratique l'agriculture intensive, un autre adopte les méthodes de l'agriculture biologique ; des producteurs utilisent de façon prioritaire le capital plutôt que le travail ou l'inverse. Dans tous ces cas, ils cherchent à maximiser leurs profits, bien qu'ils le fassent de manière très différente. On admettra que le fait d'être producteur implique

que tous les producteurs seront supposés maximiser leur production ou leur profit, sous contrainte des coûts de production ou bien encore qu'ils minimisent les coûts de production sous contrainte du niveau de production à atteindre.

b) Le comportement des consommateurs

Un consommateur achète uniquement des produits biologiques, un autre des produits alimentaires industriels, un troisième fume deux paquets de cigarettes par jour tandis que l'autre ne fume pas ; un consommateur lit attentivement les étiquettes des produits qu'il achète et se renseigne sur la manière dont ils ont été fabriqués, un autre regarde simplement le prix du bien qu'il consomme. Dans tous ces cas, le consommateur cherche à maximiser sa satisfaction sous contrainte de son revenu, bien qu'il le fasse de manière très différente. On admet que tous maximisent leur satisfaction sous contrainte de leur revenu.

Ainsi, on ne raisonne pas sur la manière dont les agents effectuent leurs choix ; on ne retient que le résultat du comportement supposé identique pour tous les agents.

Qu'il s'agisse du producteur ou du consommateur, ils peuvent avoir d'autres motivations que celles de maximiser le profit pour les premiers ou de maximiser la satisfaction pour les seconds. Par exemple, rien n'empêche un producteur de vendre un bien sur le marché pour son caractère écologique, la motivation de ce producteur est donc le respect de l'environnement. Pour le consommateur, rien ne l'empêche d'adopter des modes de consommation considérés comme marginaux, par exemple ne pas avoir de télévision. Sa motivation est donc peut-être de se démarquer des autres consommateurs. Mais l'économiste ne retiendra que le profit pour le producteur, y compris celui qui défend l'environnement, et la satisfaction pour le consommateur, y compris celui qui veut se démarquer.

■ *La définition de l'individualisme méthodologique*

L'individualisme méthodologique est, comme son nom l'indique, un mode de raisonnement individuel, au sens de la méthode utilisée : ici, chaque agent consommateur est supposé maximiser sa satisfaction sous contrainte de son revenu, et ce quels que soient les biens et services qu'il consomme. Un producteur est supposé maximiser son profit ou sa production sous contrainte de ses coûts et ce, quelle que soit la manière dont il le fait. On ramène donc des comportements différents à un comportement unique (individuel) pour chacun des deux agents.

2 L'analyse marginale

■ *Le paradoxe de l'eau et du diamant comme illustration de l'analyse marginale*

Pour bien comprendre ce qu'est le raisonnement marginal, repartons du paradoxe de l'eau et du diamant, évoqué par Adam Smith (1776).

a) La formulation du paradoxe

L'eau est très utile dans la vie tandis que le diamant l'est nettement moins. Si l'on se réfère au critère d'utilité, l'eau devrait être plus chère que le diamant. Le prix de l'eau, plus faible que celui du diamant, ne dépend pas de l'utilité du bien, mais de sa rareté.

b) La solution du paradoxe

Mais si nous nous intéressons au supplément d'utilité lié à la consommation d'une unité supplémentaire de chacun de ces deux biens, on peut dire que l'augmentation de la satisfaction liée à la consommation d'une unité d'eau supplémentaire est moins importante (puisque l'eau n'est pas rare) que celle liée à la consommation d'une unité supplémentaire de diamant (celui-ci étant rare).

■ *Le mode de raisonnement marginal*

a) La variable expliquée et les variables explicatives

Le raisonnement marginal consiste donc, de façon générale, à considérer l'impact de l'augmentation d'une variable (***variable explicative***) sur une autre variable (***variable expliquée***). Par exemple, on analysera l'impact d'une augmentation de la consommation du bien x (variable explicative) sur le niveau de satisfaction (variable expliquée) ; de même, on regardera l'impact de l'augmentation du facteur travail (variable explicative) sur le niveau de production ou de profit (variable expliquée). De surcroît, on analysera l'impact d'une évolution infinitésimale de la variable explicative sur la variable expliquée.

b) L'évolution infinitésimale

Si la variation est infinitésimale, c'est-à-dire qu'elle tend vers 0, on observe l'impact de cette micro-variation sur l'autre variable. On parle de raisonnement « à la marge ». Par exemple, si on découpe le nombre de jours de pluie en France en unités de temps infiniment petites (on suppose l'augmentation d'une micro-unité de temps de pluie), on regarde l'impact de cette micro-unité de temps supplémentaire de pluie sur la vente de parapluies. Autrement dit, ce mode de raisonnement donne le nombre de parapluies consommés durant la dernière unité de temps.

Une ***évolution infinitésimale*** signifie que la variable explicative évolue (augmente ou diminue), d'une façon infiniment petite. Pour en donner une expression mathématique, une évolution infinitésimale est une évolution qui tend vers 0.

Par exemple, si le nombre de jours de pluie augmente d'un jour en France (ici, le nombre de jours de pluie est la variable explicative), de combien augmentera le nombre de parapluies achetés (le nombre de parapluies achetés est la variable expliquée) ce jour-là ?

3 L'hypothèse de divisibilité des biens et des facteurs de production

■ La définition de la divisibilité

Nous supposerons, comme le font les micro-économistes, la ***divisibilité*** des biens et services consommés ainsi que celle des facteurs de production : c'est-à-dire qu'il est possible de considérer une augmentation de ces biens de façon infinitésimale. Par définition, un bien, un service ou un facteur de production est divisible s'il est possible de le diviser en une quantité plus petite. En réalité bien sûr, les biens ne le sont pas : si un consommateur souhaite acquérir un récepteur de télévision supplémentaire, le nombre de téléviseurs passera de 1 à 2 par exemple et non d'une quantité qui tend vers 0. Reprenons notre exemple sur le nombre de jours de pluie et leur impact sur le nombre de parapluies consommés. Si nous raisonnons en nombre de jours, ils seront considérés comme non divisibles mais s'il était possible, comme nous l'avons fait, de scinder les jours en unités de temps infiniment petites, on dirait que le temps où il pleut est divisible.

■ La divisibilité et le raisonnement marginal

L'hypothèse de divisibilité permet justement le raisonnement à la marge. En effet, sur le plan mathématique, le fait qu'on admette que les biens, les services et les facteurs puissent augmenter de façon infinitésimale permet que les fonctions que nous allons utiliser soient continues. Or, l'une des propriétés des fonctions continues est qu'elles soient dérivables. Dès lors, il sera possible de déterminer les situations optimales du producteur ou du consommateur en calculant le maximum ou le minimum des fonctions considérées.

4 L'utilisation des fonctions dérivées

L'utilisation des fonctions mathématiques en micro-économie

En micro-économie, on utilise l'analyse des fonctions, ce que nous ne ferons que très peu dans cet ouvrage. Il nous semble quand même important d'en préciser l'usage.

Soit une fonction du type :

$$y = f(x)$$

La fonction dérivée permet de cerner l'évolution de la fonction ; est-ce qu'elle croît, décroît, a un maximum ou un minimum ? Autrement dit, lorsque x augmente de façon infinitésimale, on regarde comment évolue y. Si y augmente, la dérivée est positive et la fonction est croissante ; si y est constant, la dérivée est nulle et la fonction est constante ; si y diminue, la dérivée est négative et la fonction est décroissante.

Le raisonnement marginal et l'utilisation des fonctions dérivées

a) L'exemple du paradoxe de l'eau et du diamant

Le raisonnement à la marge est en fait l'utilisation de la fonction dérivée. Si nous reprenons l'exemple du paradoxe de l'eau et du diamant, l'utilité de l'eau dépend de la quantité d'eau consommée. Si on note U = U(x), x étant la quantité d'eau consommée et U, la satisfaction résultant de cette quantité d'eau, la dérivée de la fonction d'utilité $U' = \delta U(x)/\delta x$ s'interprète comme la fonction qui mesure la modification de l'utilité à la suite de l'augmentation infinitésimale de la quantité d'eau. Il s'agit d'un raisonnement marginal.

b) L'exemple des parapluies

De même, s'il est possible de construire une fonction donnant pour y, le nombre de parapluies achetés et pour x, le nombre d'unités de temps de pluie, la fonction :

$$Y' = f'(x)$$

représente le nombre de parapluies consommés en fonction du temps de pluie.

La fonction :

$$Y' = f'(x) \text{ ou encore } \delta y/\delta x = f'(x)$$

représente l'évolution de y (évolution du nombre de parapluies consommés) à la suite d'une augmentation infinitésimale de x (augmentation infinitésimale du temps de pluie).

La traduction mathématique de l'utilisation du raisonnement marginal est donc l'usage des fonctions dérivées.

■ *Le raisonnement toutes choses égales par ailleurs*

a) Le principe général

Nous aurons à traiter de fonctions avec au moins deux variables explicatives. Or, bien entendu, ces deux variables (ou plus) peuvent évoluer simultanément et de façon convergente ou divergente. Par exemple, l'une peut augmenter alors que l'autre augmente ou diminue.

Le raisonnement toutes choses égales par ailleurs consiste à considérer par hypothèse qu'une variable évolue alors que l'autre est supposée constante ; dans un second temps, on considère que l'une est constante et que l'autre évolue.

b) Un exemple illustratif

Soit la fonction :

$$y = f(x, z)$$

x et z sont les variables explicatives. Elles peuvent toutes les deux avoir un impact sur y. Lorsqu'on fera la dérivée de cette fonction par rapport à x, on considérera que z est par hypothèse constante ; lorsqu'on fera la dérivée de cette fonction par rapport à z, on considérera que x est par hypothèse constante.

Les hypothèses propres à la micro-économie

CHAPITRE
3

Nous mettrons en évidence les principaux postulats et hypothèses spécifiques à la micro-économie. Nous distinguerons en particulier ceux qui concernent le comportement des individus. Une attention toute particulière sera portée sur le postulat de rationalité. Afin que les consommateurs et les producteurs puissent faire leur choix optimisateur, il convient qu'ils soient considérés comme rationnels. Nous adjoindrons des éléments propres au critère d'équilibre et au marché de concurrence pure et parfaite. Ce modèle de marché sert en général de référence aux raisonnements que nous serons amenés à tenir bien qu'il s'agisse d'un modèle idéal dont les règles sont difficiles à respecter simultanément.

1 Le principe de rationalité individuelle

■ *La définition de la rationalité individuelle*

Pour qu'un agent optimise sa situation, qu'il soit consommateur ou producteur, les micro-économistes supposent la ***rationalité*** de l'agent, c'est-à-dire qu'on lui prête la capacité de faire le meilleur choix pour lui, quel que soit le choix qu'il fait. Il est donc doté de la faculté d'estimer les avantages et les coûts liés aux choix qu'il doit faire et de les comparer. Il le fera de façon fine puisqu'il est supposé pouvoir estimer la modification des avantages et/ou des coûts consécutifs à la variation de sa situation. Il est dès lors doué de la capacité de faire un calcul économique optimisateur. L'agent optimisateur est aussi appelé ***homo-oeconomicus***.

Par exemple, supposons deux individus : un consommateur ayant une addiction au tabac et l'autre étant un non-fumeur patenté. Par hypothèse, ces deux individus ont un revenu suffisant pour acheter du tabac. Ainsi, le revenu de ces agents n'expliquent pas que l'un en achète et l'autre, non. Le premier individu va comparer l'avantage et le coût d'un paquet de cigarettes. Comme il a une addiction au tabac, il va considérer que l'avantage est très important par rapport au coût engagé. Pour le second individu non-fumeur, il n'y a aucun avantage à fumer, de sorte que le coût d'un paquet de cigarettes va lui sembler disproportionné. Mais ces deux individus sont supposés rationnels puisqu'on leur prête la capacité de comparer les coûts et les avantages liés à leur mode de consommation.

■ *La rationalité individuelle apparaît comme un postulat*

Ceci apparaît comme un postulat puisque nous ne nous demandons pas si la rationalité de l'agent est avérée. Nous raisonnons comme si elle l'était, sans chercher à en faire la démonstration. Ceci n'est pas gênant en soi car nous ne nous interrogeons pas sur la pertinence des choix des agents. Mais lorsque les agents ont fait leur choix, on admet qu'il est rationnel, c'est-à-dire qu'il optimise la situation de l'agent.

2 Le principe de Pareto

■ *Vilfredo Pareto*

Pareto (1848-1923) est un sociologue et économiste qui « *a apporté de nombreuses contributions importantes dans ces deux matières, particulièrement dans l'étude de la distribution du revenu et dans l'analyse des choix individuels. Il introduisit le concept de l'efficacité et aida le développement du champ de la micro-économie avec des idées telles que la courbe d'indifférence* » (source : *http://fr.wikipedia.org/wiki/Vilfredo_Pareto*, consulté le 14/01/08). Il s'est interrogé sur la notion d'***équilibre*** en économie et plus exactement à quelle condition un système économique est en équilibre.

■ *Le problème posé*

a) Un exemple d'application

Supposons un cours de micro-économie. Considérons qu'il soit question d'augmenter la durée de ce cours d'une minute supplémentaire. Si nous nous situons dans les premières minutes dudit cours, tout le monde (enseignant et étudiants) a intérêt à ce que le cours se prolonge d'une minute supplémentaire. L'équilibre consiste à déterminer le temps optimal d'un cours. Au bout d'un certain temps, au moins un agent sera désavantagé si la durée du cours continue à augmenter. Si on est capable de mesurer à quel moment précis (à la minute près) cet agent passe d'une situation où il a intérêt à ce que le cours continue à augmenter à celle où il est désavantagé si la durée du cours augmente encore, on aura déterminé le temps optimal du cours, au sens de Pareto. Autrement dit, l'équilibre est atteint dès qu'au moins un agent n'a plus intérêt à ce que le cours augmente d'une minute de plus.

b) L'équilibre de Pareto

De façon générale, une situation atteint un ***équilibre au sens de Pareto*** si l'amélioration de la situation d'un agent dégrade celle d'au moins un autre agent. Par exemple, dans la théorie du consommateur que nous verrons au chapitre suivant, et en supposant qu'il ne peut consommer que deux biens x et y, tant qu'il peut augmenter à la fois la consommation de x et de y, tout en respectant son budget, la situation est sous-optimale, c'est-à-dire non équilibrée. En effet, comme il cherche à maximiser sa satisfaction, l'augmentation de x et de y provoque mécaniquement une augmentation de la satisfaction, ce qui veut dire qu'elle n'a pas encore atteint son maximum. Le consommateur a donc intérêt à poursuivre l'augmentation de x et de y. Mais si l'augmentation de la consommation de l'un des deux biens le conduit à réduire la consommation de l'autre, la situation est optimale au sens de Pareto. À ce niveau, la satisfaction est maximale et le consommateur n'a plus intérêt à modifier la quantité de x et/ou de y. Du fait de la divisibilité des biens, on pourra déterminer le moment précis où on observe la dégradation de la consommation de l'un des deux biens.

Lorsqu'on est à l'équilibre au sens de Pareto, le producteur et le consommateur n'ont plus intérêt à modifier leur situation. Il ne sera donc plus possible d'améliorer le profit ou d'améliorer la satisfaction.

3 Le coût d'opportunité

Cette notion est centrale en micro-économie. Le ***coût d'opportunité*** mesure le coût de renonciation au choix alternatif. Supposons un individu qui a le choix entre un croissant et un pain au chocolat, s'il choisit le pain au chocolat, le coût d'opportunité équivaut au prix du croissant. Il correspond au coût du bien qui n'est pas choisi, ici le croissant.

Supposons maintenant un producteur qui utilise le capital et le travail pour fabriquer un bien, l'objectif de ce producteur est de maximiser son profit. En première analyse, il cherchera toujours à augmenter le profit. Pour ce faire, il cherchera à augmenter sa production, ce qui le conduira à modifier la quantité de capital et de travail utilisée. Si, pour augmenter la production, il augmente simultanément la quantité de travail et de capital, la situation sera sous-optimale pour ce producteur. Elle deviendra optimale lorsque, voulant augmenter sa production, l'augmentation de l'un des facteurs de production le contraint à diminuer l'autre facteur.

4 Le modèle de concurrence pure et parfaite

Dans les parties 2 et 3, nous considérerons que les marchés tant des biens que des facteurs de production sont en concurrence pure et parfaite. De quoi s'agit-il et qu'est ce que le choix de ce modèle implique, en terme de raisonnement ?

■ *La concurrence pure*

Trois règles caractérisent la concurrence pure.

a) L'atomicité des acteurs

On suppose que sur le marché, il y a une infinité d'offreurs et de demandeurs, de sorte que le prix ne peut pas être fixé par un acteur isolé ; il ne peut l'être que par le marché. Par exemple, supposons qu'un producteur décide de vendre son bien un peu plus cher que le même bien vendu par ses concurrents, les consommateurs s'en rendant compte, délaisseront ce producteur pour acheter chez les autres. Ainsi, ce producteur aura intérêt à ramener son prix au niveau de celui du marché. C'est pourquoi, dans ces chapitres, on dira que le prix des biens ainsi que les salaires (prix du facteur travail) et le taux d'intérêt (prix du facteur capital) sont donnés par le marché. Dès lors, le prix, dans la construction des choix optimaux ne pourra pas être modifié par l'agent individuel qui fait ses choix. Seuls des mouvements de marché pourront le modifier (cf. Chapitre 11).

b) L'homogénéité du produit

Nous raisonnerons sur des produits supposés identiques. En effet, deux produits hétérogènes (la lessive traditionnelle et la lessive biologique) ne seront pas considérés comme étant en concurrence, au moins par les économistes. Si l'on veut parler de concurrence concernant les services disponibles sur une carte bancaire, il faudra que ces services soient strictement identiques pour parler de concurrence pure. Notons qu'un certain nombre d'entreprises pratiquent justement la différenciation de leurs produits. Dans notre exemple, il peut s'agir de cartes bancaires avec un service spécifique non rendu par les cartes des concurrents. Dans ce cas, on ne parle plus de concurrence mais d'une forme de monopole permettant aux entreprises qui le pratiquent de dégager un surprofit.

c) La libre entrée et la libre sortie du marché

Tout acteur peut entrer et sortir du marché à tout moment et sans coût. Par exemple, le consommateur peut entrer dans un magasin, sans coût d'entrée, pour choisir son parapluie. Mais un taxi doit acquitter une licence, au demeurant très chère, pour s'installer dans une ville ; il y a donc un coût d'entrée dans le système. De ce point de vue, le marché des taxis ne respecte pas la règle de libre entrée ; ce marché n'est donc pas en situation de concurrence pure. Certains fournisseurs d'accès Internet imposent une tarification aux agents qui veulent changer d'opérateur ; il n'y a donc pas libre sortie du marché dans ce cas.

■ *La concurrence parfaite*

En plus de ces 3 règles, pour que la concurrence soit parfaite, il faut adjoindre les 2 règles suivantes.

a) La transparence de l'information

L'information sur le marché doit être complète, c'est-à-dire que l'agent doit connaître l'ensemble des caractéristiques du bien ou du facteur de production qu'il acquiert, de façon instantanée. Le prix est considéré dans ce contexte comme un vecteur d'information. Par exemple, l'agent peut interpréter le prix d'un parapluie à 60 €, comme étant de meilleure qualité que celui qui vaut 20 €.

b) La mobilité des facteurs de production

Les facteurs de production (capital et travail) doivent être mobiles de telle sorte que leur allocation soit la plus efficace et que les coûts de production puissent être minimisés et par suite, le prix de vente soit flexible. Supposons par exemple une entreprise qui appartient à un secteur un déclin. Si les facteurs ne sont pas mobiles, cela veut dire qu'elle sera obligée de continuer à produire alors que son chiffre d'affaires diminuera du fait du déclin du secteur d'activité de l'entreprise. Ainsi, il est nécessaire que les facteurs puissent être mobiles, c'est-à-dire que cette entreprise puisse diminuer leur utilisation. Ces facteurs doivent pouvoir être mobilisés dans d'autres entreprises appartenant à d'autres secteurs d'activité.

PARTIE 2

La théorie du consommateur

L'utilité et l'utilité marginale

CHAPITRE
4

L'acte de consommation est défini comme le fait, pour un agent, de satisfaire ses besoins.

Peu importe ses besoins et la manière dont il les satisfait, l'important dans cette définition est que les biens consommés apportent satisfaction à l'agent en question. Nous étudierons la façon dont on mesure la satisfaction à travers l'utilité totale et la manière dont on la mesure. Puis, nous aborderons l'évolution de cette utilité à travers la notion d'utilité marginale.

1 La fonction d'utilité totale

■ *De la notion de satisfaction au concept d'utilité*

Tout d'abord, notons que le terme fonction d'utilité est préféré à celui de fonction de satisfaction. En effet, la notion de satisfaction renvoie à celle de plaisir. Pour autant, le consommateur peut acquérir des biens qui ne lui procurent aucun plaisir : personne ne prend un médicament par plaisir... Le terme utilité quant à lui caractérise le fait qu'un bien est utile s'il satisfait un besoin ; il n'y a pas alors de connotation en terme de plaisir. Le médicament est bel et bien utile à tout agent qui veut guérir d'une maladie.

■ *La définition de la fonction d'utilité totale*

a) Le principe général

L'agent économique (le consommateur ici) acquiert des biens et des services divers dans des quantités qu'il juge suffisantes pour atteindre une satisfaction maximale. Bien sûr, disons d'ores et déjà que le consommateur est contraint par son revenu ; il ne pourra pas acheter l'ensemble des biens et services, dans des quantités illimitées.

b) La modélisation de la fonction d'utilité totale avec deux biens

Pour simplifier la question, nous allons considérer que notre agent consomme deux biens notés x et y ; x et y représentent à la fois deux biens différents et aussi la quantité consommée. On peut tout aussi bien considérer que x et y représentent deux paniers de consommation différents entendus comme la consommation d'un ensemble de biens.

c) La modélisation mathématique de la fonction d'utilité totale

On définit la fonction d'utilité U comme suit :

$$U = U(x, y)$$

où U est le niveau d'utilité atteint pour des niveaux donnés de x et de y.

On suppose par ailleurs que x et y sont parfaitement divisibles.

■ *Les caractéristiques de la fonction d'utilité totale*

a) La fonction d'utilité totale croît à un rythme décroissant

A priori, la fonction d'utilité est croissante : en effet, plus les quantités de x et de y augmentent, plus l'utilité est importante. On peut cependant concevoir facilement que si x et y augmentent de façon conséquente, le niveau d'utilité atteindra un maximum voire décroîtra. Deux principes président à la construction de cette fonction : le principe d'intensité décroissante des besoins et l'hypothèse de non-satiété :

- le principe d'intensité décroissante des besoins : l'augmentation de la consommation de x et y fait augmenter la satisfaction mais de moins en moins rapidement. Soit un individu qui n'a pas mangé depuis trois jours, on peut admettre que sa satisfaction augmente au fur et à mesure qu'il s'alimente. Mais l'évolution de la satisfaction entre la 1re assiette et la 2e est plus importante que l'évolution de la satisfaction entre la 3e et la 4e assiette. C'est ce qu'on nomme le principe d'intensité décroissante des besoins. Ce principe nous conduit à envisager qu'au bout d'un certain nombre d'assiettes, l'évolution de la satisfaction deviendra nulle, ce qui veut dire que la satisfaction n'augmente plus ; elle a alors atteint un maximum. Si on poursuivait l'augmentation du nombre d'assiettes consommées par cet individu, on pourrait facilement imaginer qu'il aurait trop mangé et que, par conséquent, sa satisfaction décroîtrait. Bien entendu, il n'est pas rationnel d'être dans cette situation : on imagine mal un individu augmenter la consommation d'un bien si cette augmentation a pour effet de diminuer sa satisfaction ;
- l'hypothèse de non-satiété : on considérera que l'augmentation de la quantité consommée des biens provoque une augmentation de l'utilité. Autrement dit, notre raisonnement exclut la

situation dans laquelle le consommateur atteint la satiété (situation dans laquelle l'utilité n'augmente plus).

Dans la théorie du consommateur, le raisonnement consiste toujours à faire augmenter la quantité de biens pour en analyser l'impact sur la fonction d'utilité.

b) La représentation graphique de la fonction d'utilité totale

Voici, en supposant que le consommateur ne peut acquérir que le bien x, comment nous pouvons représenter graphiquement la fonction d'utilité :

Fonction d'utilité totale du bien x

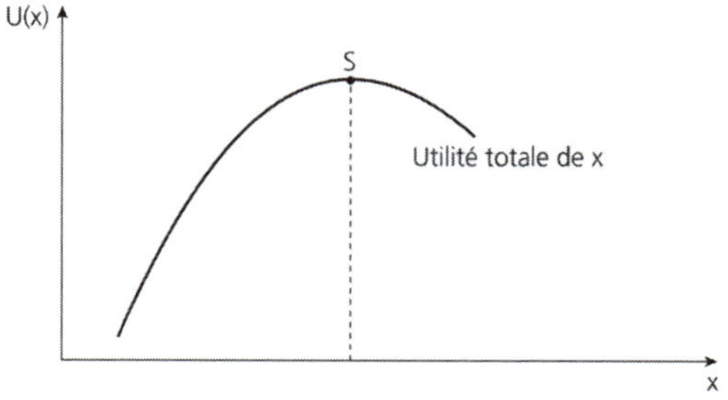

La forme de cette courbe montre le principe d'intensité décroissante des besoins : l'utilité augmente de moins en moins vite au fur et à mesure de l'augmentation de x. Le point S est le point de satiété. Au-delà de S, la situation est irrationnelle (cf. *supra*).

■ *La mesure de l'utilité*

Comment mesurer l'utilité ? Deux méthodes sont mises en évidence.

a) La méthode cardinale

Il s'agit de construire une échelle numérique d'utilité, l'individu pouvant dire que telle quantité de x lui confère une satisfaction qu'il peut évaluer numériquement. L'instauration d'une telle échelle pose des problèmes lorsqu'il faut agréger les utilités individuelles, chacun ayant sa propre estimation de l'utilité.

b) La méthode ordinale

Il s'agit ici de mettre un ordre de préférence. Soit trois biens, x, y et z. Un individu peut toujours dire qu'il préfère x à y ou qu'il est indifférent à x et à y. Dire qu'il préfère x à y signifie que son niveau d'utilité est meilleur pour x que pour y ; dire qu'il est indifférent à x et à y indique que le niveau d'utilité est le même pour x et y. Cette relation de préférence a trois caractéristiques :

- elle est ***anti-réflexive*** : x ne peut pas être préféré à x ; plus largement, un bien ne peut être préféré à lui-même ;
- elle est ***anti-symétrique*** : si x est préféré à y, alors y ne peut pas être préféré à x ;
- elle est ***transitive*** : si x est préféré à y et que y est préféré à z, alors x est nécessairement préféré à z.

2 La fonction d'utilité marginale

■ *La définition de la fonction d'utilité marginale*

La fonction d'utilité marginale $U_m(x)$ mesure la variation d'utilité à la suite d'une augmentation infinitésimale de x. $U_m(x)$ est donc décroissante, du fait du principe d'intensité décroissante des besoins. Au point S, elle est nulle.

■ *L'approche mathématique et graphique de la fonction d'utilité marginale*

a) L'approche mathématique de l'utilité marginale

Mathématiquement, l'utilité marginale est la dérivée de premier ordre de la fonction d'utilité totale. Elle est donc positive puisque la fonction d'utilité est croissante. La dérivée de second ordre est quant à elle négative puisque $U_m(x)$ est décroissante. Elle atteint un point où elle est nulle puis devient positive, ce qui prouve que la fonction d'utilité atteint un maximum.

b) Une approximation de la fonction d'utilité marginale

On peut approximer la fonction d'utilité en supposant que les biens sont non divisibles et en retenant une évaluation cardinale de la fonction d'utilité totale. Il s'agira alors pour estimer l'utilité marginale, de calculer la variation absolue de l'utilité totale rapportée à la variation absolue de la quantité de biens, soit :

$$U_m(x) = \Delta U / \Delta x$$

Par exemple, calculons l'utilité marginale dans l'exemple suivant :

Quantité de biens	Utilité totale	Utilité marginale
1	10	
3	18	4
5	24	3

Pour calculer l'utilité marginale lorsque la quantité de biens passe de 3 à 5 unités, on écrit : (24 – 18)/(5 – 3) = 6/2 = 3.

c) La représentation graphique de la fonction d'utilité marginale

Voici la représentation de la fonction d'utilité marginale que nous superposons à celle de l'utilité totale.

Fonction d'utilité totale et marginale du bien x

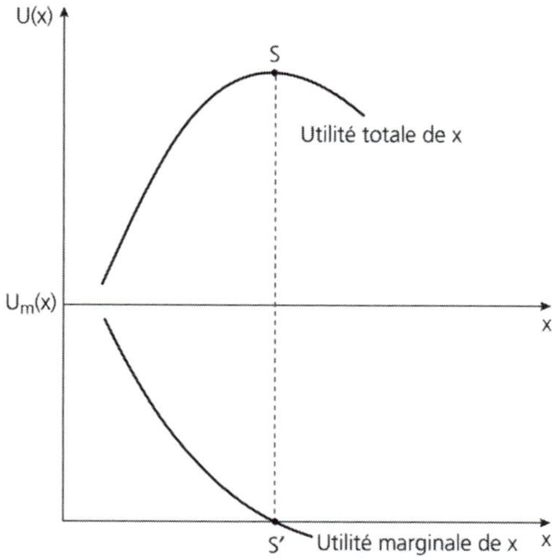

Le point S correspond à la situation dans laquelle le consommateur est à satiété. Au point S', l'évolution de la satisfaction devient nulle, ce qui caractérise une situation de satiété.

3 Exercice corrigé

Énoncé

Considérons les deux tableaux ci-après, donnant pour un bien x, la quantité consommée et le niveau de satisfaction qui en résulte :

1. Quelle hypothèse, habituellement formulée sur le bien x, n'est pas faite ici ?

2. Calculez l'utilité marginale du bien x. Donnez un exemple de calcul et reportez l'ensemble de vos résultats dans les tableaux ci-après (colonne utilité marginale).

3. Compte tenu des hypothèses de construction de la fonction d'utilité, lequel de ces deux exemples vous paraît pertinent ? Justifiez votre réponse à partir des principes de construction de la fonction d'utilité.

4. La consommation de 6 unités de x dans l'exemple 2 vous paraît-elle rationnelle ?

Exemple 1		
Quantité de biens	**Utilité**	**Utilité marginale**
1	1	
2	2	
3	6	
4	18	
5	50	
6	100	

Exemple 2		
Quantité de biens	**Utilité**	**Utilité marginale**
1	10	
2	20	
3	25	
4	28	
5	28	
6	27	

■ *Solution*

1. Quelle hypothèse, habituellement formulée sur le bien x, n'est pas faite ici ?

Habituellement, on considère que le bien x est divisible, c'est-à-dire qu'on peut le faire augmenter d'une quantité infinitésimale. Or, ici, il augmente successivement d'une unité.

2. Calculez l'utilité marginale du bien x. Donnez un exemple de calcul et reportez l'ensemble de vos résultats dans les tableaux ci-après (colonne utilité marginale).

Dans le tableau 2 : l'utilité marginale liée au passage de $x = 1$ à $x = 2$ vaut :

$$(20 - 10)/(2 - 1) = 10.$$

3. Compte tenu des hypothèses de construction de la fonction d'utilité, lequel de ces deux exemples vous paraît pertinent ? Justifiez votre réponse à partir des principes de construction de la fonction d'utilité.

La fonction d'utilité est croissante (principe de non-satiété). Ce qui est le cas pour les deux tableaux. Mais elle l'est à un rythme décroissant (principe d'intensité décroissante des besoins). Dans le premier tableau, le rythme est croissant ; le principe d'intensité décroissante des besoins n'est donc pas respecté. Pour le second, il le respecte. C'est donc le second tableau qui correspond à une fonction d'utilité habituelle.

4. La consommation de 6 unités de x dans l'exemple 2 vous paraît-elle rationnelle ?

Non, dans la mesure où la satisfaction décroît ; le principe de non-satiété n'est pas respecté. De plus, le consommateur n'est pas rationnel s'il augmente sa consommation et que cette augmentation l'amène à voir sa satisfaction diminuer.

Exemple 1		
Quantité de biens	**Utilité**	**Utilité marginale**
1	1	
2	2	2
3	6	4
4	18	12
5	50	32
6	100	50

Exemple 2		
Quantité de biens	**Utilité**	**Utilité marginale**
1	10	
2	20	10
3	25	5
4	28	3
5	28	0
6	27	-1

L'optimum du consommateur

CHAPITRE 5

Nous allons raisonner dans le cadre de l'équilibre au sens de Pareto. Il faut entendre la notion d'équilibre comme une situation dans laquelle le consommateur n'a plus intérêt à modifier la quantité de biens qu'il consomme. Nous allons déterminer cet équilibre à la fois dans une situation de troc où les biens s'échangent en l'absence de monnaie et dans une situation monétaire. Nous montrerons comment se constituent les points optimaux en privilégiant une approche graphique et mathématique.

1 L'optimum du consommateur en économie de troc

On suppose dans tout ce chapitre que le consommateur a le choix entre deux biens x et y et que ces deux biens sont substituables. Autrement dit, l'augmentation de la consommation de l'un peut résulter de la dégradation de la consommation de l'autre.

Deux comportements non rationnels

En économie de troc, on suppose que le consommateur peut échanger du bien x contre du bien y. Dans ce type d'économie, il y a donc absence de systèmes de prix et surtout, absence de monnaie. À quelle condition ce consommateur est-il en situation optimale ?

a) x et y augmentent simultanément

Si le consommateur peut acquérir simultanément x et y, il n'est pas en situation optimale au sens de Pareto ; il a purement et simplement intérêt à augmenter la consommation de x et de y, cette augmentation provoquant une augmentation de l'utilité. Ceci renvoie au principe de non-satiété. Mais cette augmentation est de moins en moins rapide (principe d'intensité décroissante des besoins).

b) La baisse de l'utilité totale n'est pas rationnelle

À un certain moment, l'augmentation de la quantité de x et de y provoque une baisse de l'utilité totale, ce qui, comme nous l'avons vu, n'est pas rationnel. De plus, une telle situation ne permettrait pas de respecter le principe de non-satiété.

Le comportement rationnel du consommateur

a) La détermination de l'optimum du consommateur

Pour éviter cette situation, la seule façon est de faire augmenter l'un des biens tout en restreignant la consommation de l'autre bien. Dès lors, la situation est optimale au sens de Pareto s'il y a égalité des utilités marginales des deux biens. Comme les biens sont supposés divisibles, les évolutions sont infiniment petites.

b) La démonstration de l'optimum du consommateur

Mathématiquement, il s'agit de trouver le point maximum de la fonction d'utilité. Nous ne retiendrons dans notre analyse que les conditions de premier ordre. Le maximum est atteint si la variation de l'utilité est nulle.

Pour se convaincre que cette égalité donne bien la situation optimale du consommateur, considérons que $U_m(y) > U_m(x)$. Comme $U_m(y) > U_m(x)$, le consommateur privilégiera la consommation de y. Ainsi, il augmentera son utilité totale mais de moins en moins vite. Autrement dit, au fur et à mesure de l'augmentation de y, l'utilité marginale de y décroît (on rappelle en effet que l'utilité marginale est une fonction décroissante). L'écart entre $U_m(y)$ et $U_m(x)$ se réduira. À force d'augmenter y, le consommateur atteindra l'égalité entre les utilités marginales. En même temps qu'il augmente y et pour rester dans le cadre de l'équilibre de Pareto, il va diminuer x, ce qui fait augmenter l'utilité marginale de ce bien. Il en va de même si $U_m(x) > U_m(y)$.

La seule situation d'équilibre se situe à l'égalité des utilités marginales.

c) La détermination mathématique de l'optimum

On cherche à maximiser l'utilité du consommateur. Mathématiquement, cela se traduit par le fait que la variation de l'utilité est nulle :

$$\delta U = 0$$

Or, δU est égal à la somme des dérivées partielles relativement à x et à y : $\delta U = Um(x)\,\delta x + Um(y)\,\delta y = 0$

D'où $Um(x)\,\delta x = -\,Um(y)\,\delta y$.

Au signe près, l'optimum est atteint à l'égalité des deux utilités marginales.

2 L'optimum du consommateur en économie monétaire

Contrairement à la situation précédente, l'économie monétaire suppose que soit établi un système de prix. Notons p_x le prix du bien x et p_y le prix du bien y.

■ *La carte d'indifférence*

a) La courbe d'indifférence

Une ***courbe d'indifférence*** est une courbe sur laquelle figurent toutes les combinaisons de biens x et y, donnant un même niveau de satisfaction. Autrement dit, tout point d'une même courbe d'indifférence donne le même niveau de satisfaction, bien que les quantités de biens x et y soient différentes.

L'ensemble des courbes d'indifférence donne la carte d'indifférence.

Courbes d'indifférence

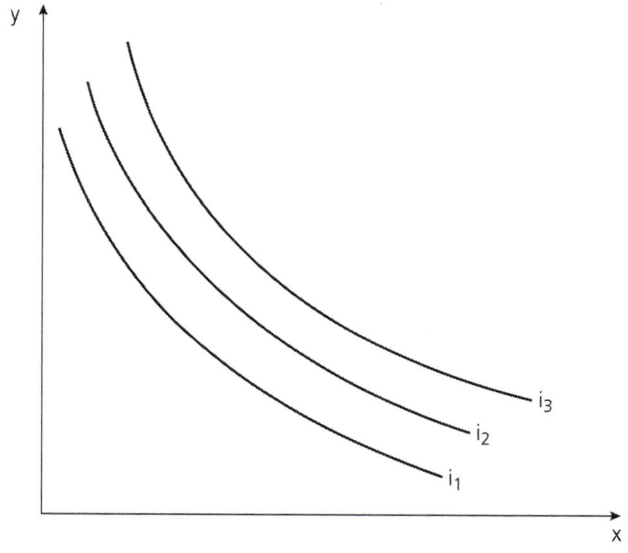

Notons qu'il existe en réalité une infinité de courbes d'indifférence, autres que i_1, i_2 et i_3. Bien sûr, le niveau de satisfaction est plus grand en i_3, qu'il ne l'est en i_2 et qu'en i_1.

b) Les caractéristiques des courbes d'indifférence

Il y a trois caractéristiques des courbes d'indifférence :

- elles sont ***décroissantes*** : pour maintenir le niveau de satisfaction constant, seule une augmentation de x liée à une diminution de y le permet. En effet, si x et y augmentent simultanément, le niveau de satisfaction augmente lui aussi de sorte que nous ne sommes plus au même niveau de satisfaction. De même, si une courbe d'indifférence est, par exemple, une droite horizontale, cela signifie que x augmente et que y reste constant. Du coup, l'utilité totale augmente, ce qui est contraire à la définition de la courbe d'indifférence. De plus, si la quantité de x augmente alors que y est maintenu constant, le niveau de satisfaction augmente toujours. Il en est de même si y augmente et que x est constant ;
- elles sont ***convexes*** par rapport à l'origine des axes : du fait de l'intensité décroissante des besoins, une augmentation de x doit être compensée par une baisse plus importante de y ;
- ***deux courbes d'indifférence*** ne peuvent pas se couper : deux courbes d'indifférences n'ont, par définition, pas le même niveau de satisfaction. Dès lors, au point d'intersection entre ces deux courbes, ce point prend le niveau de satisfaction de l'une des deux courbes, ce qui est incohérent. Supposons que i_1 est la courbe d'indifférence donnant un niveau de satisfaction de 10 et i_2, de 20. Soit A, le point d'intersection entre i_1 et i_2. Si l'on considère que A appartient à i_1, la combinaison de x et de y au point A a pour niveau de satisfaction 10. Si l'on considère que A appartient à i_2, la combinaison de x et de y au point A a pour niveau de satisfaction 20. Or, le point A constitué de la même quantité de x et de y ne peut pas provoquer, pour le même consommateur, un niveau de satisfaction de 10 et de 20. Ainsi, deux courbes d'indifférence ne peuvent pas se couper.

c) Le taux marginal de substitution

Le ***taux marginal de substitution*** (TMS) se définit comme la pente, en un point, de la courbe d'indifférence. On le note – *dy/dx*. Le signe négatif renvoie au fait que les courbes d'indifférence sont décroissantes ; le TMS est continuellement décroissant, ce qui est la manière mathématique de parler de la convexité de ces courbes.

La contrainte de revenu

a) La formulation de la contrainte de budget

Le consommateur a un revenu noté R. Par hypothèse, il utilise l'intégralité de son revenu pour la consommation. Ce modèle intègre l'épargne ; elle est alors considérée comme une consommation différée, le revenu est donc intégralement consommé, une partie pour la consommation présente et une partie pour l'épargne, considérée comme une consommation future. Dans ces conditions, on peut écrire :

$$R = p_x . x + p_y . y$$

b) La transformation de la contrainte de budget sous forme d'une droite

Si l'on divise cette expression par p_y, il vient :

$$R/p_y = p_x/p_y \times x + y$$

Soit :

$$y = -(p_x/p_y) \times x + R/p_y$$

Cette formulation, sous forme d'une droite affine du type $y = ax + b$ permet de l'intégrer sur la carte d'indifférence (cf. *infra*).

La pente de cette droite est le rapport $-p_x/p_y$. Le coefficient directeur est négatif, la droite est donc décroissante.

c) L'interprétation de l'intersection des axes de coordonnées avec la droite de budget

Soit x et y, les deux axes de coordonnées correspondant aux deux biens, x est l'axe des abscisses et y, l'axe des ordonnées :

- l'intersection de la droite de budget avec l'axe des abscisses : en ce point, $y = 0$. Cela signifie donc que l'intégralité du budget du consommateur est consacrée à x ;
- l'intersection de la droite de budget avec l'axe des ordonnées : en ce point, $x = 0$. Cela signifie donc que l'intégralité du budget du consommateur est consacrée à la consommation de y.

L'optimum du consommateur

a) Le principe général

Il s'agit, pour le déterminer, de concilier ce qu'il souhaite : maximiser sa satisfaction, ce qui se traduit par le fait de consommer une combinaison de biens x et y situés sur la courbe d'indifférence la plus élevée, et ce qui est possible : le respect de son budget. Dès lors, la combinaison qu'il retiendra est celle qui se situe au point de tangence entre la courbe d'indifférence la plus élevée et la droite de budget. Pour démontrer cela, nous allons prendre les deux situations suivantes, l'une dans laquelle la courbe d'indifférence est au-dessus de la droite de budget mais sans contact avec celle-ci, l'autre dans laquelle la courbe d'indifférence coupe en deux points la droite de budget.

Soit une courbe d'indifférence située au-dessus de la contrainte de budget, c'est-à-dire sans aucun point de contact avec celle-ci. Rappelons qu'en chaque point de la droite de budget, on a la combinaison de x et de y qui peut être acquise avec le revenu R. Donc les combinaisons de x et de y, situées sur cette courbe d'indifférence sont telles que le consommateur ne peut pas les acquérir, son budget étant insuffisant.

Supposons maintenant que la courbe d'indifférence i_1 coupe en 2 points A et B la droite de budget. Les combinaisons de x et y aux points A et B peuvent être achetées puisqu'elles se situent aussi sur la droite de budget. Mais il est possible de trouver une autre courbe d'indifférence, i_2, parallèle à i_1 mais qui offre un niveau de satisfaction plus grand. Cette courbe i_2 est précisément celle qui a un point de tangence avec la droite de budget. Appelons ce point C. La combinaison de x et y au point C peut être achetée par le consommateur puisqu'il a le revenu suffisant. Mais le niveau de satisfaction est plus grand en C qu'en A et en B puisque i_2 a un niveau de satisfaction plus grand que i_1.

Donc la seule solution pour avoir une situation optimale est d'être au point C. Celui-ci respecte à la fois le fait d'avoir une satisfaction maximum et le budget du consommateur.

b) La détermination mathématique de l'optimum du consommateur

Sur le plan mathématique, un point de tangence se définit par le fait qu'en ce point la pente de la droite de budget et celle de la courbe d'indifférence (le TMS) sont égales.

La pente de la droite de budget s'écrit :

$$-p_x/p_y$$

S'agissant de la courbe d'indifférence, on peut écrire :

$$dU = U_m(x)dx + U_m(y)dy = 0$$

dU = 0 puisque nous sommes sur une courbe d'indifférence ; il n'y a donc pas de variation d'utilité.

Dès lors,

$U_m(x)dx = - U_m(y)dy$, soit :

$$U_m(x)/U_m(y) = - dy/dx = - p_x/p_y$$
$$U_m(x)/P_x = U_m(y)/P_y$$

L'optimum du consommateur est atteint à l'égalité entre le TMS et le rapport des utilités marginales, pondéré par le prix relatif des biens.

Le ***prix relatif*** est l'expression du prix d'un bien en terme d'un autre bien. Par exemple, un croissant vaut 1 € ; un pain au chocolat vaut 2 €. Le prix relatif d'un croissant en terme de pain au chocolat est de 1/2 ; un croissant vaut bien, dans notre exemple, 1/2 pain au chocolat. À l'inverse, un pain au chocolat exprimé en terme de croissants est de 2. En effet, un pain au chocolat vaut bien deux croissants.

3 Exercice corrigé

Énoncé

Reprenons le tableau de l'exercice du chapitre 3.

Exemple 2		
Quantité de biens	**Utilité**	**Utilité marginale**
1	10	
2	20	10
3	25	5
4	28	3
5	28	0
6	27	-1

Soit le bien y, son utilité pour 10 unités est de 18, pour 11 unités, elle est de 28 et pour 12 unités, elle est de 35.

1. Dans quel modèle économique nous situons-nous, compte tenu des données de cet exercice ?
2. Quel est l'optimum du consommateur ? Justifiez votre réponse.

■ *Solution*

1. Dans quel modèle économique nous situons-nous, compte tenu des données de cet exercice ?

Puisqu'il n'y a aucun système de prix, les biens sont supposés substituables, le consommateur peut donc échanger x contre y et vice-versa. Il s'agit d'une économie de troc.

2. Quel est l'optimum du consommateur ? Justifiez votre réponse.

L'optimum est atteint à l'égalité des utilités marginales. L'utilité marginale de y est égale à 10 pour 11 biens et de 7 pour 12 biens. Pour le bien x, elle est égale à 10 pour 3 biens. L'optimum dans cette situation se situe donc lorsque $x = 3$ et $y = 11$.

La fonction de demande et la notion d'élasticité

CHAPITRE 6

La détermination de l'optimum du consommateur permet de construire sa fonction individuelle de demande, en supposant que le prix du bien varie et par suite, de mesurer la sensibilité de la demande à plusieurs paramètres : le prix du bien, le prix d'un autre bien ou encore le revenu. C'est ce qu'on appelle la notion d'élasticité.

1 De l'optimum du consommateur à la construction de la fonction de demande individuelle

■ *L'optimum du consommateur et la modification du prix d'un des biens*

Nous allons supposer ici que p_x augmente, alors que p_y et R restent constants. Rappelons que p_x est le prix de x, p_y, le prix de y et R, le revenu. De plus, p_x se modifie, non pas du fait d'un demandeur individuel, mais parce que le marché le conduit à augmenter. Pour mémoire, nous avons fait l'hypothèse que le marché du bien x est en concurrence pure et parfaite et qu'à ce titre, la règle d'atomicité est respectée, ce qui implique que le prix de x est donné par le marché.

On constate deux effets :

a) L'effet substitution

Lorsque p_x augmente, on conçoit intuitivement que les agents réduisent leur consommation de x. Que se passe-t-il en termes de situation optimale ? Autrement dit, comment évoluent les consommations de x et de y ?

1) La modification de la pente de la droite de budget

L'ordonnée à l'origine de la droite de budget reste la même puisque R et p_y ne changent pas. En effet, la droite de budget mesure la quantité maximum de x et de y que l'on peut acheter avec le revenu R. À l'ordonnée à l'origine, x = 0 ; comme p_y est maintenu constant, p_y. y reste inchangé. En revanche, comme p_x augmente, l'abscisse à l'origine de cette droite se décale vers la gauche, montrant ainsi que si le consommateur n'acquiert aucune unité de y, il consommera moins de x (sur le graphique ci-après, il suffit d'observer le passage de DB_1 à DB_2).

2) Le raisonnement à niveau de satisfaction constant

Nous allons raisonner dans un premier temps en admettant que le niveau de satisfaction reste constant ; ainsi, nous mesurerons l'effet de l'augmentation de p_x sur la demande de x et de y à satisfaction constante. Pour ce faire, il s'agit de se maintenir sur la même courbe d'indifférence, notée i_1 sur le graphique, mais comme la droite de budget a pivoté vers la gauche, il n'y a plus de point de tangence entre cette courbe d'indifférence et la nouvelle droite de budget DB_2. Dès lors, nous traçons une parallèle à cette nouvelle droite de budget, DB'_2. Il s'agit d'une parallèle puisqu'il faut tenir compte de la modification du prix de x, laquelle est prise en compte dans DB_2 ; il faut donc que le coefficient directeur de la droite DB'_2 soit le même que celui de DB_2. Nous déterminons ainsi un nouveau point de tangence E'_1 tel que nous observons que le consommateur utilise plus de y et moins de x ; c'est l'***effet substitution***.

Effet substitution

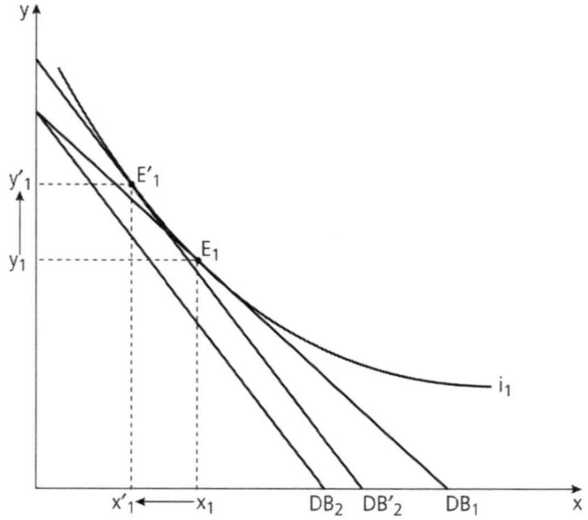

b) L'effet revenu

Comme p_x a augmenté, le pouvoir d'achat (son revenu réel) a diminué, puisque R (son revenu nominal) est constant. Comme le pouvoir d'achat a diminué, on peut supposer que le consommateur utilisera à la fois moins de x et moins de y. Il va donc se positionner sur une courbe d'indifférence dont le niveau d'utilité i_2 est moins élevé que précédemment.

Effet revenu

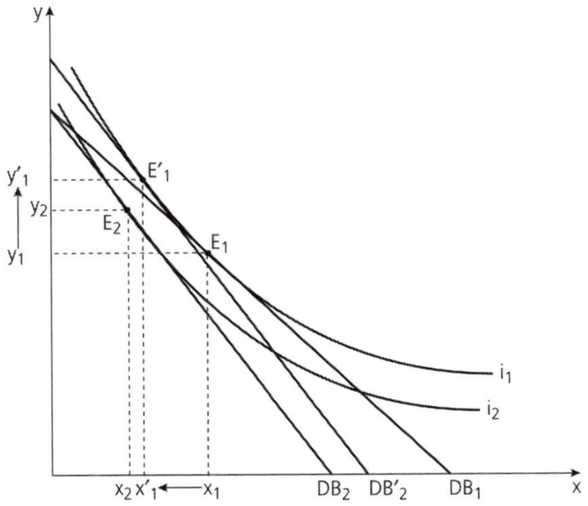

c) L'effet global

Globalement et pour les deux effets, on montre bien que la consommation de x diminue mais l'évolution de la consommation de y est indéterminée. Elle augmente si l'effet substitution l'emporte sur l'effet revenu et elle diminue si l'effet revenu l'emporte sur l'effet substitution.

Dans le graphique ci-dessus, on voit que E_2 est bien évidemment à gauche de E_1, ce qui confirme la baisse de la consommation de x ; E_2 est au-dessus de E_1, ce qui veut dire que l'effet substitution qui entraîne une hausse de la consommation de y l'emporte sur l'effet revenu. On consomme globalement plus de y après que p_x a augmenté, p_y et R étant constants.

La construction de la fonction de demande

La ***fonction de demande*** est la relation fonctionnelle qui relie les quantités consommées d'un bien et son prix de demande. Le ***prix de demande*** est le prix maximum au-delà duquel le consommateur interrompt sa consommation du bien.

Courbe de demande du bien x

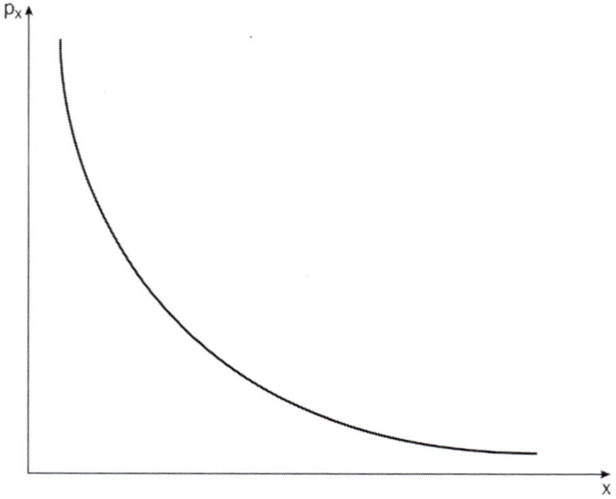

Nous avons vu que lorsque p_x augmente, la consommation de x diminue. Il est donc possible de construire une courbe de demande de x, décroissante en fonction de p_x.

Sur ce graphique, pour une quantité donnée de x, le consommateur est prêt à payer le prix p_x correspondant, ce prix étant considéré comme le prix de demande, c'est-à-dire le prix maximum au-delà duquel la demande de bien s'interrompt.

2 Les notions d'élasticité de la demande

Il s'agit ici de mesurer la sensibilité de la demande, c'est-à-dire l'évolution des quantités demandées, à la suite d'une part de la modification du prix du bien, de l'évolution du revenu du consommateur et enfin de la modification du prix d'un autre bien. Auparavant, nous définissons précisément ce qu'est l'élasticité.

■ *Le concept d'élasticité*

Soit deux variables, x et y, x représentant des quantités, y, le prix. L'élasticité de x par rapport à y se définit par :

$$e_{xy} = \Delta x/x_0 \div \Delta y/y_0 = \Delta x/\Delta y \times Y_0/X_0$$

x_0 et y_0 sont les quantités et les prix d'origine.

> Il est essentiel de noter que les calculs de variation de x et de y se font en pourcentage et non de façon absolue. Rappelons qu'une variation absolue entre deux dates 0 et 1 se définit ainsi : x1 – x0.
>
> Une variation relative (en pourcentage) se définit ainsi : x1 – x0/x0.

■ *L'élasticité prix de la demande*

On mesure ici l'impact de la modification de p_x sur la demande de x, soit la formule :

$$e_{xpx} = \Delta x/x_0 \div \Delta p_x/P_{x0} = \Delta x/\Delta p_x \times P_{x0}/x_0$$

On parle d'une demande élastique au prix si l'élasticité est comprise entre – ∞ et – 1. Par exemple, si un bien augmente de 20 % et que sa demande se contracte de 40 %, l'élasticité se calcule ainsi :

$$- 40\ \%\ 20\ \% = - 2$$

Au vu de ce résultat, la demande est élastique.

On parle d'une demande inélastique au prix si l'élasticité de la demande est comprise entre – 1 et 0. Par exemple, si les prix d'un bien diminuent de 20 % et que la demande augmente de 10 %, la demande est inélastique ; l'élasticité se calcule ainsi :

$$10\ \% - 20\ \% = - 0{,}5$$

Au vu de ce résultat, l'impact d'une baisse des prix est très faible sur la demande.

Deux situations d'élasticité de la demande

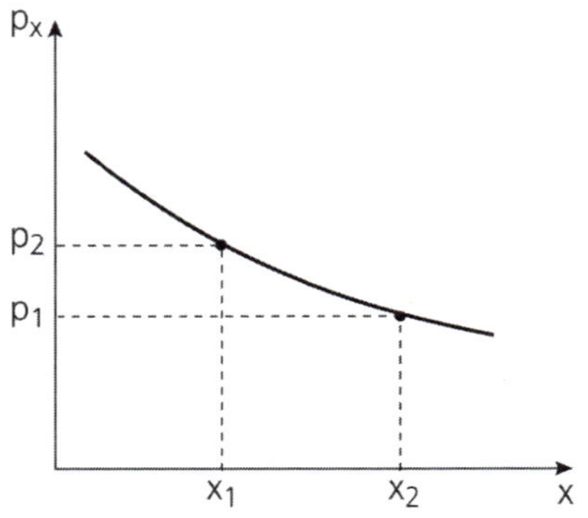

Demande élastique au prix

Demande inélastique au prix

■ *L'élasticité revenu*

Cette fois-ci, nous analysons l'impact de la modification du revenu du consommateur sur la demande d'un bien x. Soit R, ce revenu, la formule de l'élasticité revenu est :

$$e_{xR} = \Delta x/x_0 \div \Delta R/R_0 = \Delta x/\Delta R \times R_0/x_0$$

De cette élasticité, on définit trois catégories de biens :

Valeur de l'élasticité revenu	Catégorie de biens	Exemples
[1, + ∞[	Biens supérieurs	Santé, loisirs
[0, 1[	Biens normaux	Habillement
]- ∞, 0[	Biens inférieurs	Biens alimentaires

Si le revenu du consommateur augmente de 5 % et que ses dépenses de santé augmentent de 7 %, soit une élasticité supérieure à 1, la santé sera considérée comme un bien supérieur.

Si le même consommateur diminue la consommation de ses biens alimentaires de 1 %, l'élasticité revenu est négative ; les biens alimentaires sont donc des biens inférieurs.

L'élasticité croisée

Enfin, nous analysons l'impact de la modification du prix d'un autre bien sur la demande d'un bien x. Soit p_y, le prix du bien y,

$$e_{xpy} = \Delta x/x_0 \div \Delta p_y/p_{y0} = \Delta x/\Delta p_y \times p_{y0}/x_0$$

De cette élasticité, on définit trois catégories de biens :

Valeur de l'élasticité croisé	Catégorie de biens	Exemples
]0, + ∞[	Biens substituables	Café, thé
0	Biens indépendants	Café, habillement
]- ∞, 0[	Biens complémentaires	Automobile, pneumatiques d'automobiles

Supposons que le prix du thé augmente. Dans ce cas, le consommateur diminue sa consommation de thé et augmente celle de café. Ce qui implique que l'élasticité croisée soit positive. Les deux biens sont donc substituables. Bien entendu, il faut supposer que l'agent est indifférent à la consommation de café et de thé.

Supposons maintenant que le prix du café augmente ; il y a peu de chances que la réduction de café liée à l'augmentation de son prix, ne modifie la demande d'habillement. Le café et l'habillement apparaissent donc comme des biens indépendants. Comme la variation en pourcentage de la demande d'habillement est nulle, l'élasticité croisée est, elle aussi, égale à 0.

Enfin, si le prix des automobiles augmente, les agents consommeront *a priori* moins de voitures et par suite moins de pneumatiques. L'élasticité croisée sera alors négative et les deux biens sont complémentaires.

3 Exercice corrigé

Énoncé

Soit deux biens x et y. L'élasticité du bien x par rapport à son prix est égale à – 0,5. L'élasticité croisée de x par rapport au prix de y est égale à – 2.

1. Définissez ces deux élasticités.
2. Est-il normal que l'élasticité prix de la demande soit négative ?
3. Si les prix de x et de y augmentent de 10 %, que doit-il se passer sur la demande de x ?

4. Comment qualifiez-vous les deux biens x et y au regard de leur élasticité croisée ?

5. Si l'élasticité revenu de y est de 1,5, comment qualifiez-vous le bien y au regard de cette élasticité ?

■ *Solution*

1. Définissez ces deux élasticités.

Pour l'élasticité de la demande : $e_{xpx} = \Delta x/x_0 \div \Delta p_x/p_{x0} = \Delta x/\Delta p_x \times p_{x0}/x_0$

Pour l'élasticité croisée : $e_{xpy} = \Delta x/x_0 \div \Delta p_y/p_{y0} = \Delta x/\Delta p_y \times p_{y0}/x_0$

2. Est-il normal que l'élasticité prix de la demande soit négative ?

Oui, car la demande est décroissante.

3. Si les prix de x et de y augmentent de 10 %, que doit-il se passer sur la demande de x ?

Normalement, elle va peu se réduire (de 5 %) car la demande est faiblement élastique. Ceci sera renforcé car l'élasticité croisée est de – 2. Ce qui signifie que quand les prix de y augmentent de 10 %, la demande se réduit de 20 %.

4. Comment qualifiez-vous les deux biens x et y au regard de leur élasticité croisée ?

Ce sont des biens complémentaires car l'élasticité croisée est négative.

5. Si l'élasticité revenu de y est de 1,5, comment qualifiez-vous le bien y au regard de cette élasticité ?

C'est un bien supérieur puisque son élasticité revenu est supérieure à 1.

PARTIE 3

La théorie du producteur : la maximisation de la production et du profit

La fonction de production, les productivités moyenne et marginale

CHAPITRE 7

Le producteur maximise sa production, son profit et minimise ses coûts de production. Telles sont les trois manières, strictement identiques, de formuler l'objectif du producteur. Qu'en est-il de la fonction de production et des outils de mesure de la productivité ? En particulier, nous analyserons les productivités moyenne et marginale. Nous en dégagerons les évolutions respectives pour mettre en évidence la zone d'efficience du producteur.

1 La fonction de production

L'entreprise fabrique un bien x. Pour ce faire, elle utilise deux facteurs de production que sont le capital k et le travail l.

■ *La fonction de production totale : définition et évolution*

a) La définition de la fonction de production totale

La fonction de production totale est la relation fonctionnelle entre x d'une part (l'*output*) et k et l d'autre part (les *inputs*). On peut écrire cette fonction :

$$X = f(k, l)$$

b) L'évolution de la fonction de production

Cette fonction est d'abord croissante à un rythme décroissant ; elle atteint un maximum puis décroît. Il est légitime qu'un usage plus important du travail et/ou du capital fasse augmenter la production. En première analyse, il ne sera pas rationnel de pousser l'utilisation des facteurs de production au-delà du point maximum. En effet, quelle serait la logique d'un producteur qui, lorsqu'il augmente ses facteurs de production, fait baisser sa production ?

■ *La fonction de productivité moyenne et marginale*

a) La fonction de productivité moyenne

La productivité moyenne est le rapport entre l'*output* et l'un des *inputs*.

Raisonnant à partir de chacun des facteurs, il vient :

1) La productivité moyenne du travail

La productivité moyenne du travail est le rapport :

$$P_M(l) = x/l$$

x est exprimé en nombre d'unités produites tandis qu'on choisit l'unité avec laquelle on cherche à mesurer l (nombre d'heures, nombre de jours, effectif de salariés...). Dans ce dernier cas, on parle aussi de productivité par tête. Elle s'interprète comme le nombre d'unités fabriquées par unité de travail. Autrement dit, si on fabrique 100 unités avec 10 personnes, la productivité par tête est de 10. Tout se passe comme si un homme fabriquait 10 unités.

2) La productivité moyenne du capital

La productivité moyenne du capital s'écrit :

$$P_M(k) = x/k$$

Elle s'interprète de façon analogue à la productivité moyenne du travail : c'est le nombre d'unités fabriquées par unité de capital.

La difficulté pour mesurer la productivité moyenne est d'abord de pouvoir repérer le nombre d'unités de biens ou de services fabriqués, surtout dans un monde où les services, le plus souvent immatériels, dominent. De plus, il faut pouvoir mesurer les unités de facteurs responsables de la production, ce qui n'est pas si évident.

b) La fonction de productivité marginale

La productivité marginale se définit comme la variation de la production à la suite d'une variation infinitésimale du facteur de production. Ainsi, elle s'interprète comme l'augmentation de production consécutive à l'augmentation de l'usage d'une quantité infinitésimale d'un des facteurs. La productivité marginale apparaît donc comme la production supplémentaire résultant de la dernière unité de facteur utilisée.

Raisonnant à partir de chacun des facteurs, il vient :

1) La productivité marginale du travail

La productivité marginale du travail s'écrit :

$$P_m(l) = dx/dl$$

Supposons qu'une entreprise produise 100 unités de biens avec 20 salariés. Elle recrute un salarié supplémentaire, de sorte que la production passe à 150. La productivité marginale du travail est de :

$$(150 - 100)/(21 - 20) = 50$$

On peut interpréter ce résultat comme la production supplémentaire (50 unités de biens) permise par le recrutement du salarié supplémentaire.

2) La productivité marginale du capital

La productivité marginale du capital s'écrit :

$$P_m(k) = dx/dk$$

Remarque mathématique

Dans les deux cas, ce sont les dérivées partielles de la fonction de production.

Ainsi, $dx = Pm(k).\ dk + Pm(l).\ dl$

Par exemple, pour obtenir la productivité marginale du travail, on calcule la dérivée de la production totale en supposant que k est constant. On fait de même pour la productivité marginale du capital en supposant alors que l est constant. Nous raisonnons toutes choses égales par ailleurs.

2 La phase de production efficiente

La phase de production efficiente est celle dans laquelle l'optimum du producteur se trouve. Pour la déterminer, il convient de raisonner dans le cadre de l'équilibre au sens de Pareto.

■ *La productivité moyenne est d'abord croissante*

a) La phase 1 : la productivité marginale est, elle aussi, croissante à un rythme croissant

Le producteur a intérêt à faire augmenter k et l, dans la mesure où la production augmente de plus en plus vite. Cette situation est donc sous-optimale au sens de Pareto. Il n'y a en effet aucune raison, dans cette phase, que le producteur décide de ne plus augmenter ses facteurs puisque, lorsqu'il le fait, les productivités moyenne et marginale sont croissantes, ce qui permet à la production d'augmenter de plus en plus vite.

b) La phase 2 : la productivité marginale reste positive mais décroît

Puis, la productivité moyenne continue à augmenter, tandis que la productivité marginale reste positive mais décroissante. Elle reste, de plus, supérieure à la productivité moyenne, ce qui d'ailleurs, conduit cette dernière à augmenter. Le producteur a toujours intérêt à poursuivre l'augmentation du facteur puisque sa productivité moyenne augmente. Dans cette phase, la situation reste sous-optimale au sens de Pareto.

■ *La productivité moyenne est ensuite décroissante*

a) La phase 3 : la productivité marginale reste positive et poursuit son rythme décroissant

La productivité moyenne atteint son maximum puis décroît tout en restant positive. La productivité marginale quant à elle continue de décroître. Dans ce cas, le producteur doit se demander quand interrompre l'augmentation de l'utilisation du facteur de production. C'est ainsi que nous parlons de *phase efficiente*.

b) La phase 4 : la productivité marginale devient négative

Enfin, si le producteur pousse l'utilisation du facteur, la productivité marginale devient négative, ce qui est clairement irrationnel : le fait d'augmenter la quantité de facteurs impliquerait une baisse de la production.

La relation entre productivité moyenne et productivité marginale

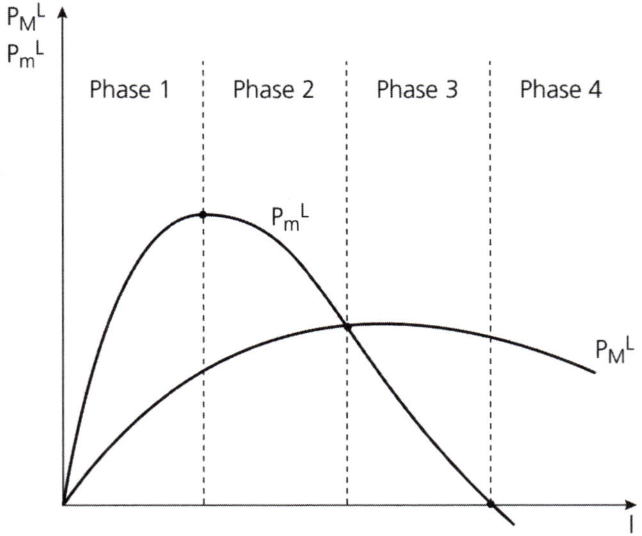

La loi des rendements décroissants

On remarque que les productivités moyenne et marginale croissent, atteignent un maximum, puis décroissent. La loi des rendements décroissants est justement la zone dans laquelle l'usage d'une quantité plus grande de facteurs conduit à faire baisser la productivité, autrement dit à faire baisser le rendement.

3 Exercice corrigé

Énoncé

Soit une entreprise qui fabrique un bien x. Voici le tableau qui donne les quantités produites en fonction de l'augmentation de l'un des facteurs.

Phases de production	Quantité de facteurs	Niveau de production	Productivité moyenne	Productivité marginale
	1	20		
	2	80		
	3	180		
	4	260		
	5	330		
	6	390		
	7	434		
	8	456		
	9	450		

1. Qu'est-ce-que la fonction de production ?

2. Quelle différence faites-vous entre l'*output* et les *inputs* ?

3. Calculez la productivité moyenne et marginale et reportez vos résultats dans le tableau ci-après. Vous donnerez un exemple explicite de calcul.

4. Interprétez la signification de la productivité moyenne et marginale pour 4 unités de facteurs.

5. Déterminez les phases de production en reportant les numéros des phases dans la colonne concernée. Vous placerez ce nombre au début de la phase et expliquerez votre choix.

Solution

1. Qu'est-ce-que la fonction de production ?

C'est la relation entre la quantité produite d'un bien et les facteurs de production (le travail et le capital) qui ont permis de le produire.

2. Quelle différence faites-vous entre l'*output* et les *inputs* ?

L'output est le bien produit ; les inputs contribuent à la fabrication du bien.

3. Calculez la productivité moyenne et marginale et reportez vos résultats dans le tableau ci-après. Vous donnerez un exemple explicite de calcul.

La productivité moyenne pour 4 unités de biens est de :

$$260/4 = 65$$

Pour 4 unités de biens, la productivité marginale est de :

$$(260 - 180)/(4 - 3) = 80$$

Phases de production	Quantité de facteurs	Niveau de production	Productivité moyenne	Productivité marginale
1	1	20	20	
	2	80	40	60
2	3	180	60	100
	4	260	65	80
3	5	330	66	70
	6	390	65	60
	7	434	62	44
	8	456	57	22
4	9	450	50	-6

4. Interprétez la signification de la productivité moyenne et marginale pour 4 unités de facteurs.

Pour 4 unités de biens, la productivité moyenne s'interprète comme le fait que chaque unité de facteur produit 65 unités de biens. Autrement dit, s'il s'agit du facteur travail, la productivité par tête est de 65.

En ce qui concerne la productivité marginale, le passage de 3 à 4 unités de facteurs permet une augmentation de la production de 80. C'est comme si la 4e unité de facteur, la dernière, permettait une production supplémentaire de 80 unités.

5. Déterminez les phases de production en reportant les numéros des phases dans la colonne concernée. Vous placerez ce nombre au début de la phase et expliquerez votre choix.

Entre 1 et 3 unités de biens, les productivités marginales et moyennes augmentent. La phase 1 va donc jusqu'à l'utilisation de 3 unités exclues. Pour 3 unités et jusqu'à 5 unités, on constate que la productivité moyenne continue de croître tandis que la productivité marginale décroît, tout en restant supérieure à la productivité moyenne. À partir de 5 unités, les deux productivités deviennent positives mais décroissantes ; c'est la zone d'efficience. Enfin, la phase 4 correspond à l'utilisation de 9 unités et rend la productivité marginale négative, ce qui est clairement irrationnel.

Les fonctions de coût

Chapitre 8

Nous avons vu que le producteur a pour objectif de maximiser son profit sous contrainte de ses coûts. Nous pouvons aussi mener l'analyse via la minimisation des coûts de production qui constitue alors l'objectif à atteindre, et ce pour un niveau de production donné. Nous verrons aussi ce qu'il advient lorsqu'on cherche à multiplier la production ; nous serons alors amenés à aborder la question des rendements d'échelle.

1 Les fonctions de coût

Le coût total

Le ***coût total*** est l'expression de l'ensemble des coûts supportés par l'entreprise lorsqu'elle produit les biens et services x. Ce coût total devant prendre en compte l'ensemble des coûts, on distingue :

a) Les coûts fixes

Il s'agit des bâtiments, infrastructures diverses… Ces coûts ne dépendent pas (ou très peu) du niveau de production à atteindre. Bien sûr une entreprise qui fabrique 1 000 unités de x a besoin d'un espace moins grand que celle qui en fabrique 100 000. Nous admettrons que les coûts fixes ne dépendent pas du niveau de production.

b) Les coûts variables

Ils dépendent explicitement du niveau de production. C'est le cas notamment du facteur travail.

Le coût total peut donc s'écrire :

$$C_t(x) = C_f + C_v(x)$$

Avec :

x : le bien produit ;

C_t : le coût total ;

C_f : le coût fixe ;

C_v : le coût variable.

■ *Les coûts moyen et marginal*

a) Le coût moyen

Le ***coût moyen*** est le coût total rapporté au niveau de production. Autrement dit, il s'interprète comme le coût par unité produite.

Il s'exprime ainsi :

$$C_M(x) = C_t(x)/x$$

b) Le coût marginal

On définit le ***coût marginal*** comme la variation du coût total lié à la variation de x. Comme on suppose que x est divisible, son augmentation peut être infinitésimale. Ainsi, le coût marginal apparaît comme la dérivée du coût total. Mais comme le coût total comporte les coûts fixes, lesquels ne dépendent pas de x, il n'y a aucune variation du coût fixe à la suite d'une variation de x. Donc, le coût marginal est la variation du coût variable lié à une variation infinitésimale de x.

Il s'exprime ainsi :

$$C_m(x) = dC_v(x)/dx$$

2 La relation inverse entre productivité et coûts

Pour bien montrer que cette analyse est une approche particulière par rapport à celle que nous avons abordée en terme de productivité, nous allons démontrer que la productivité moyenne est en relation inverse du coût moyen et qu'il en va de même pour leur expression marginale.

Nous allons raisonner à partir du facteur travail mais bien sûr, il en va de même avec le facteur capital.

■ *La relation inverse entre coût moyen et productivité moyenne*

Le coût moyen du travail s'écrit :

$$C_M(x) = wl/x$$

Nous mettons entre parenthèses l'élément important de cette équation, bien que sur le plan mathématique, les parenthèses soient inutiles :

$$w(l/x) = w/(x/l)$$

Or, x/l est l'expression de la productivité moyenne. Le coût moyen évolue donc en sens inverse de la productivité marginale. Autrement dit, lorsque le coût moyen décroît, la productivité moyenne croît ; lorsque le coût moyen est minimum, la productivité moyenne atteint son maximum.

■ *La relation inverse entre coût marginal et productivité marginale*

S'agissant du coût marginal, on peut écrire :

$C_m(x) = dC_v(x)/dx$

$= d(wl)/dx$

$= (wdl + ldw)/dx$

Or, dw = 0 puisque nous l'avons supposé donné par le marché (cf. supra). Il vient donc :

$$wdl/dx = w/(dx/dl)$$

Or, dx/dl est l'expression de la productivité marginale. On peut donc faire les mêmes conclusions que pour le coût et la productivité moyens.

> Comme il y a une relation inverse entre les coûts moyen et marginal et les productivités moyenne et marginale, si nous raisonnons via les coûts, la phase d'efficience se situe au moment où les coûts moyen et marginal deviennent simultanément croissants. À ce moment-là, le producteur devra s'interroger sur l'opportunité de poursuivre l'augmentation de la production ou s'il doit l'interrompre.

3 Les rendements d'échelle

Dans les paragraphes précédents, nous avons raisonné à taille d'entreprise constante. Or, l'entreprise peut multiplier son niveau de production d'un certain coefficient, par exemple la doubler.

La notion de rendements d'échelle

Nous avons supposé qu'elle multiplie sa production d'un coefficient a, positif et non nul. Nous allons alors mesurer l'impact que cette multiplication du niveau de production a sur l'utilisation des facteurs de production et surtout sa traduction dans les coûts de production. Remarquons ici que d'emblée, nous travaillons en longue période (cf. Chapitre 9) puisque les deux facteurs de production varient simultanément. Par ailleurs, nous considérons que la technique de production est la même, c'est-à-dire que la part du capital par rapport au travail reste constante (si la production s'effectue avec 60 % de capital et 40 % de travail, cette proportion n'est pas affectée par l'exploration des rendements d'échelle). Le coefficient de capital défini par le rapport k/l est donc supposé constant.

Les trois types de rendements d'échelle

a) Les rendements d'échelle croissants

L'entreprise décide de fabriquer ax. La quantité de facteurs utilisés augmente de façon moins que proportionnelle, autrement dit, elle est multipliée par un coefficient b < a. Dans ce cas, les rendements d'échelle sont croissants et le coût moyen de long terme diminue. Par exemple, si on veut doubler la production, a = 2 et que les facteurs de production sont multipliés par 1, 5, on se situe dans les rendements d'échelle croissants. Par conséquent, le coût moyen est décroissant.

b) Les rendements d'échelle constants

L'entreprise décide de fabriquer ax. La quantité de facteurs utilisés augmente de façon proportionnelle, autrement dit, elle est multipliée par un coefficient b = a. Dans ce cas, les rendements d'échelle sont constants et le coût moyen de long terme est minimum. Par exemple, si on veut doubler la production, a = 2 et que les facteurs de production sont multipliés par 2, on se situe dans les rendements d'échelle constants. Par conséquent, le coût moyen est constant et minimum.

c) Les rendements d'échelle décroissants

L'entreprise décide de fabriquer ax. La quantité de facteurs utilisés augmente de façon plus que proportionnelle, autrement dit, elle est multipliée par un coefficient b > a. Dans ce cas, les rendements d'échelle sont décroissants et le coût moyen de long terme augmente.

Tant que les rendements d'échelle sont croissants, l'entreprise a intérêt à poursuivre l'augmentation de x. Son optimum se situe alors au minimum du coût moyen de long terme, soit au moment où les rendements d'échelle deviennent constants. Elle peut encore poursuivre la multiplication de la production au risque de voir augmenter le coût moyen et diminuer les rendements d'échelle. Par exemple, si on veut doubler la production, a = 2 et que les facteurs de production sont multipliés par 3, on se situe dans les rendements d'échelle décroissants. Par conséquent, le coût moyen est croissant.

Il faut bien distinguer la notion de rendement d'échelle de celle des rendements factoriels. Les rendements d'échelle consistent à multiplier le niveau de production et de voir les conséquences en terme de multiplication des facteurs de production. Les rendements factoriels sont en fait les productivités des facteurs (cf. Chapitre 7).

4 Exercice corrigé

Énoncé

Compte tenu de la pénurie financière des universités, certaines d'entre elles demandent à un enseignant de faire son cours magistral dans un amphithéâtre ; ce cours est diffusé au même moment dans un autre amphithéâtre.

1) Ceci constitue-t-il un rendement d'échelle ? Si oui, lequel ?

2) Ce cours est accompagné de travaux dirigés. S'agit-il de rendement d'échelle ? Si oui, lequel ?

Solution

1) Le fait de dédoubler le cours suppose que le nombre d'étudiants est multiplié, mais l'enseignant ne fait en réalité son cours qu'une seule fois. Il s'agit donc d'un rendement d'échelle croissant, ce qui fait diminuer le coût moyen de long terme.

2) Comme le nombre d'étudiants est multiplié, le nombre de groupes de travaux dirigés l'est aussi dans les mêmes proportions. Il s'agit donc d'un rendement d'échelle constant ; le coût moyen est constant.

Attention

Lorsqu'on parle de rendements d'échelle, on les assimile à la baisse des coûts moyens, ce qui n'est pas faux. Mais on confond alors la définition des rendements d'échelle (multiplication de la production et effets sur la multiplication des facteurs de production) et la conséquence de ces rendements d'échelle sur les coûts. Autrement dit, les rendements d'échelle ont pour conséquence une diminution des coûts moyens mais ils n'en constituent pas la définition.

L'optimum du producteur

Chapitre 9

Nous étudions la façon dont le producteur optimise sa situation : son profit ou sa production. Il le fait en déterminant, de façon rationnelle, la combinaison optimale de travail et de capital. Nous ferons la distinction entre la courte et la longue période et montrerons que le producteur, lorsqu'il a atteint la situation optimale, n'a plus intérêt à s'en écarter.

1 L'optimum du producteur en courte période

La définition de la courte période

La ***courte période*** se définit comme le laps de temps dans lequel seul un des facteurs varie, l'autre étant alors supposé constant. On le voit, ce laps de temps ne correspond en fait pas à une durée préétablie mais à la durée pendant laquelle l'un des facteurs reste fixe. Le plus souvent, on considère que le travail est variable et que le capital est fixe. C'est plutôt une approche de bon sens que de considérer le travail comme variable et le capital comme fixe. Mais au plan théorique, on pourrait tout à fait imaginer l'inverse. Ici, nous allons nous en tenir au bon sens et admettre que le travail est le facteur variable.

La question est alors de déterminer la quantité optimale de travail permettant de maximiser la production ou le profit.

La détermination de l'optimum

a) Le principe de détermination

L'entreprise compare ses gains, mesurés par la productivité marginale du travail (le seul facteur supposé variable) et ses coûts mesurés par le salaire réel, c'est-à-dire le rapport entre le taux de salaire w et le prix du bien produit p, soit w/p.

Cet équilibre intervient à l'égalité entre $P_m(l)$ et w/p.

b) L'optimum et la zone d'efficience

L'optimum du producteur, en courte comme en longue période d'ailleurs, se situe nécessairement dans la zone d'efficience. En effet, lorsque les productivités moyenne et marginale sont positives et croissantes (phase 1), le producteur va augmenter sa production. Dans cette phase, le rendement factoriel est en hausse et le coût moyen diminue.

Dans la phase 2, la productivité moyenne croît à un rythme décroissant, mais la productivité marginale devient décroissante. Pour autant, le rendement moyen continue à s'améliorer, tandis que le coût moyen diminue. Ce qui amène le producteur à poursuivre l'augmentation de la production.

Dans la phase 3, les productivités moyenne et marginale restent positives, mais deviennent décroissantes. Le producteur a donc intérêt à s'interroger sur l'opportunité de poursuivre ou non l'augmentation de la production. En effet, le rendement de ces facteurs diminue tandis que le coût moyen commence à croître.

L'optimum du producteur est donc nécessairement situé dans cette phase 3, phase dans laquelle le producteur déterminera une quantité à produire. Au-delà de cette quantité, les coûts supportés deviendront supérieurs aux gains à réaliser, ce qui n'est bien évidemment pas rationnel.

c) La démonstration de la situation optimale

Supposons que $P_m(l) > w/p$. Dans ce cas, le producteur a intérêt à intensifier l'utilisation de l puisque ses gains marginaux sont supérieurs à ses coûts marginaux. Dès lors, dans la mesure où nous cherchons à déterminer la situation optimale, nous nous situons dans la zone d'efficience ; or, la productivité marginale est décroissante. L'augmentation de l conduit donc à augmenter la production, mais de moins en moins vite, de sorte que $P_m(l)$ diminue. Rappelons que w et p sont supposés fixes puisque donnés par le marché. Si l'intensification de l'utilisation de l se poursuit, on conçoit qu'à un certain moment, $P_m(l) < w/p$. Les coûts marginaux deviennent supérieurs aux gains marginaux, de sorte que le producteur va réduire l'utilisation de l. S'il le fait, il diminue le niveau de production, mais il augmente la productivité marginale du facteur travail.

Ainsi, la seule situation où le producteur peut stabiliser le nombre d'unités de l se situe à l'égalité entre $P_m(l)$ et wl/p.

2 L'optimum du producteur en longue période

■ *La définition de la longue période*

La ***longue période*** est atteinte lorsque les deux facteurs de production varient. On détermine alors la ***combinaison de facteurs*** permettant d'atteindre la production maximum, et donc le profit maximum.

■ *Les isoquantes*

a) La définition des isoquantes

Une isoquante est une courbe sur laquelle figurent toutes les combinaisons de facteurs k et l donnant un même niveau de production. Autrement dit, tout point d'une même isoquante donne le même niveau de production bien que les quantités de facteurs k et l soient différentes.

L'ensemble des isoquantes représentent la fonction de production complète.

La carte des isoquantes

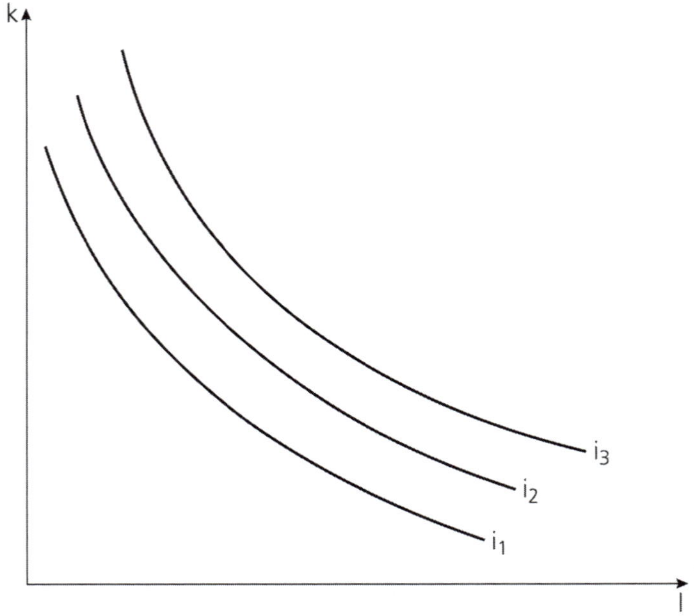

Notons qu'il existe en réalité une infinité d'isoquantes, autres que i_1, i_2 et i_3. Bien sûr, le niveau de production est plus grand en i_3, qu'il ne l'est en i_2 et qu'en i_1.

b) Les caractéristiques des isoquantes

Il y a trois caractéristiques des isoquantes :

– elles sont décroissantes : pour maintenir le niveau de production constant, seule une augmentation de k liée à une diminution de l (ou l'inverse) le permet. En effet, si k et l augmentent simultanément, le niveau de production augmente lui aussi de sorte que nous ne sommes plus au même niveau de production. De plus, si l'un des deux facteurs augmentent tandis que l'autre est maintenu constant, le niveau de production augmentera ;

– elles sont convexes par rapport à l'origine : du fait de la loi des rendements décroissants (cf. Chapitre 7), une augmentation de k doit être compensée par une baisse plus importante de l ;
– deux isoquantes ne peuvent pas se couper : deux isoquantes n'ont, par définition, pas le même niveau de production ; dès lors, au point d'intersection entre ces deux courbes, ce point prend le niveau de production de chacune des deux courbes. Cela signifierait que pour une même combinaison de k et de l, on peut atteindre deux niveaux de production différents, ce qui est incohérent.

c) Le taux marginal de substitution technique

Enfin, le ***taux marginal de substitution technique*** (TMST) se définit comme la pente, en un point, de l'isoquante. On le note –dk/dl. Le signe négatif renvoie au fait que les isoquantes sont décroissantes ; le TMST est continuellement décroissant, ce qui est la manière mathématique de parler de la convexité de ces courbes.

■ *La contrainte de coût*

Le producteur a un coût total noté C_t. Par hypothèse, il utilise l'intégralité de son coût pour la production. Dans ces conditions, on peut écrire :

$$C_t = wl + rk$$

Si l'on divise cette expression par r, il vient :

$$C_t/r = (w/r) \times l + k$$

Soit :

$$k = -(w/r) \times x + C_t/r$$

Cette formulation, sous forme d'une droite affine du type y = ax + b permet de l'intégrer sur la carte des isoquantes (cf. *infra*).

La pente de cette droite est le rapport – (w/r). Le coefficient directeur est négatif, la droite est donc décroissante.

■ *L'optimum du producteur*

Il s'agit, pour le déterminer, de concilier ce qu'il souhaite : maximiser son profit, ce qui se traduit par le fait d'adopter le niveau de production le plus élevé, ce qui signifie qu'il faut retenir la combinaison de facteurs k et l situés sur l'isoquante la plus élevée, et ce qui est possible : le respect de son coût de production. Dès lors, la combinaison qu'il retiendra est celle qui se situe au point de tangence entre l'isoquante la plus élevée et la droite de coût. En ce point, la pente de la droite de coût et celle de l'isoquante (le TMST) sont égales (c'est d'ailleurs ce qui définit un point de tangence).

La pente de la droite de coût s'écrit :

$$-(w/r)$$

S'agissant de l'isoquante, on peut écrire :

$$d_x = P_m(l)dl + P_m(k)dk = 0$$

où x est la production totale.

$d_x = 0$ puisque nous sommes sur une isoquante ; il n'y a donc pas de variation de production.

$P_m(l)dl = -P_m(k)dk$ puisque nous travaillons au point où la variation de production est nulle.

Soit :

$$P_m(l)/P_m(k) = -dk/dl = -w/r$$

$$P_m(k)/r = P_m(l)/w$$

L'optimum du producteur est atteint à l'égalité entre le TMST et le rapport des productivités marginales, pondéré par le prix relatif des facteurs de production.

3 La modification de l'optimum en fonction du prix d'un facteur de production

■ *Le cadre général*

Supposons qu'une entreprise fabrique le bien x et que le prix de x soit constant. Supposons par ailleurs que r, le taux d'intérêt mesurant le prix du capital, soit constant et que w, le taux de salaire, augmente.

■ *L'effet substitution*

Intuitivement, on peut penser que du fait de l'augmentation de w, le producteur utilisera moins de travail et plus de capital. Pour ce faire, on rappelle que l'optimum est atteint au point de tangence entre l'isoquante la plus élevée et la droite de coût. Comme w a augmenté, la pente de la droite de coût se modifie, en particulier l'abscisse à l'origine se décale vers la gauche. En effet, on rappelle que la droite de coût montre pour chacune des combinaisons de k et de l le coût maximum qui peut être engagé par l'entreprise. À l'abscisse à l'origine, k = 0, donc l'augmentation de w diminue mécaniquement l.

Cette modification de la pente de la droite de coût est telle qu'il n'y a plus de point de tangence avec l'isoquante. On doit donc tracer une parallèle à cette droite de coût, tangente à l'isoquante. On obtient un nouvel optimum montrant qu'on utilise effectivement moins de l et plus de k.

L'effet coût

Les coûts de production ont globalement augmenté puisque w a augmenté, ce qui conduit à utiliser à la fois moins de k et moins de l. En conséquence, on va se situer sur une isoquante plus basse correspondant à une baisse du niveau de production.

L'effet global

On observe une baisse de l, mais s'agissant de k :

– l'effet substitution amène à augmenter k ;

– l'effet coût amène à diminuer k.

L'effet global sur k est donc indéterminé.

4 Exercice corrigé

Énoncé

Soit une entreprise fabriquant le bien x à l'aide des deux facteurs de production que sont k et l. Le taux de salaire w est égal à 5 euros et le prix de vente du bien est égal à 20 euros.

1. À partir du tableau ci-après, déterminez l'optimum du producteur et démontrez-le.

l	$P_m(l)$
1	1
2	3
3	8
4	6
5	4
6	3

2. La question précédente porte-t-elle sur une analyse de courte ou de longue période ?
3. Quelle est la signification de $P_m(l) = 8$?

■ *Solution*

1. A partir du tableau ci-après, déterminez l'optimum du producteur et démontrez-le.

L'optimum du producteur s'établit à l'égalité :

$$P_m(l) = w/p, \text{ soit } P_m(l) = 20/5 = 4$$

L'optimum est donc atteint lorsque l = 5.

En effet, prenons l = 4. Dans ce cas, $P_m(l) = 6$. Le producteur a intérêt à poursuivre sa production puisque pour cette quantité de l, la production n'est pas maximisée. S'il augmente sa production, il est par conséquent conduit à augmenter l, ce qui fait baisser $P_m(l)$. On rappelle que nous raisonnons dans la zone d'efficience dans laquelle la productivité marginale est décroissante. On pourrait établir le raisonnement symétrique si on prend l = 6. Dans ce cas, $P_m(l) = 3$, ce qui est supérieur à w/p. Les coûts marginaux sont donc supérieurs aux biens marginaux, ce qui n'est pas rationnel.

2. La question précédente porte-t-elle sur une analyse de courte ou de longue période ?

Ici, on raisonne en courte période puisque seul le facteur travail varie. L'énoncé ne fait en fait pas allusion au facteur k, ce qui nous amène à le considérer comme constant.

3. Quelle est la signification de $P_m(l) = 8$?

$P_m(l) = 8$ signifie que lorsqu'on augmente l d'une unité (l passe de 2 à 3), alors la production augmente de 8 unités. Autrement dit, c'est comme si la troisième unité de travail recrutée produisait 8 unités supplémentaires.

La fonction d'offre et la notion d'élasticité

CHAPITRE 10

L'optimum du producteur permet la construction de la fonction d'offre et par suite permet d'introduire la notion d'élasticité.

1 La fonction d'offre individuelle

■ *Le lien entre la fonction d'offre et la zone d'efficience*

a) Le principe général

Nous nous intéressons ici à la question suivante : à quelle condition l'entreprise a-t-elle économiquement intérêt à mettre en vente le produit qu'elle fabrique sur le marché ? Celui-ci doit au moins couvrir ses coûts de production et lui assurer une marge de profit.

b) La zone d'efficience

Puisqu'il y a une relation inverse entre la productivité et les coûts, la zone d'efficience du producteur se situe lorsque les coûts deviennent croissants. En effet, on rappelle que la zone d'efficience est atteinte quand la productivité marginale est décroissante. Autrement dit, le producteur devra s'interroger sur l'opportunité de poursuivre l'augmentation de sa production quand le coût marginal devient croissant ; lorsque ce dernier est décroissant, il a simplement intérêt à augmenter x. Le prix d'offre doit tenir compte de la zone d'efficience.

■ *Le prix, le coût marginal et la fonction d'offre*

a) Le prix et le coût marginal

En concurrence, le prix d'offre se fixe au niveau du coût marginal. En effet, si le prix de vente du marché est supérieur au coût marginal, l'entreprise a intérêt à produire davantage pour pouvoir vendre davantage. Ceci fait augmenter le coût marginal puisque nous raisonnons dans sa partie croissante. Si le prix de vente est inférieur au coût marginal, l'entreprise fait des pertes puisque la production d'une unité supplémentaire d'un bien lui coûte plus cher (coût marginal) que cela ne lui rapporte. Elle a donc intérêt à diminuer la quantité de x produite pour que le coût marginal diminue et s'ajuste au prix d'offre. On rappelle en effet qu'elle ne peut pas agir sur ce prix puisqu'elle est supposée être en concurrence et que le prix est donné par le marché.

b) La définition de la fonction d'offre

C'est la relation fonctionnelle entre la quantité offerte sur le marché et le prix d'offre, lequel est égal, en concurrence, au coût marginal. On définit le prix d'offre comme le prix minimum à partir duquel l'entreprise est prête à mettre une unité de bien supplémentaire sur le marché. Dès lors, la fonction d'offre est assimilée à la portion croissante du coût marginal. Afin de simplifier le raisonnement, nous allons travailler sur la fonction de production de courte période. Supposons que le marché du bien x fabriqué par l'entreprise soit tel que le prix de x (p_x) augmente. Dans ces conditions, l'entreprise a intérêt à produire davantage. Il y a donc une relation croissante entre le prix et la quantité offerte.

2 La notion d'élasticité d'offre

■ *La définition de l'élasticité d'offre*

L'élasticité d'offre se définit comme la sensibilité de l'offre consécutive à une variation des prix d'offre. Nous raisonnons toujours en variation relative, c'est-à-dire en pourcentage.

■ *L'expression mathématique de l'élasticité d'offre*

Elle s'écrit :

$$e_{xpx} = \Delta x/x_0 \div \Delta p_x/p_{x0} = \Delta x/\Delta p_x \times p_{x0}/x_0$$

où x correspond à la quantité offerte du bien x et p_x correspond au prix d'offre de ce bien.

Elle est nécessairement positive puisque la fonction d'offre est croissante. Elle est peu élastique si elle est comprise entre 0 et 1 et élastique au-delà.

Si la fonction d'offre est totalement verticale, cela indique que l'offre est fixe et que bien que le prix varie, elle ne peut se modifier. L'exemple du pétrole est pertinent, surtout si on admet que les producteurs établissent des quotas de production.

Une offre horizontale témoigne de ce que l'offre est infiniment sensible à la variation de prix. Sans aller jusqu'à une offre totalement horizontale, on peut considérer que la quantité d'offre d'électricité est très sensible aux variations de prix. Autrement dit, une micro-variation du prix d'offre peut induire une augmentation significative des quantités dans la mesure où il y a des coûts fixes importants, mais des coûts variables très faibles. Le prix de vente d'un kilowatt/heure est essentiellement dû aux coûts variables, les coûts fixes étant quant à eux pris en charge par l'État.

Si nous raisonnons sur l'offre de travail, celle des pilotes de ligne est peu élastique alors que celle des équipiers de la restauration rapide l'est. En effet, si les prix augmentent de 10 %, l'offre de pilotes de ligne reste quasi stable du fait de la formation longue des pilotes, laquelle ne permet pas à la quantité d'offre de s'ajuster instantanément. À l'inverse, les équipiers, si le salaire augmente de 10 % verront leur offre augmenter quasi instantanément ; il est facile de faire en sorte que certains agents, qui s'étaient orientés vers d'autres professions, acceptent de devenir équipiers puisque le salaire devient plus attrayant.

3 Exercice corrigé

L'exercice ci-après porte sur l'élasticité d'offre de travail. Le raisonnement est en tout point similaire si on remplace l'offre de travail par l'offre du bien x et le taux de salaire, par le prix du bien x.

■ *Énoncé*

Supposons qu'une enquête soit menée dans l'amphithéâtre dans lequel vous suivez vos études actuellement. L'enseignant demande à partir de quel taux de salaire horaire ses étudiants seraient prêts à renoncer à une heure de cours pour aller travailler.

Voici les résultats de cette enquête dans le tableau qui suit :

Taux de salaire horaire	Nombre d'étudiants	Élasticité d'offre
10	1	
12	3	
14	10	
16	18	
18	30	
20	40	

1. S'agit-il d'une question d'ordre micro-économique ?
2. En quoi s'agit-il d'une fonction d'offre ?
3. Calculez l'élasticité d'offre dans cette situation et reportez les valeurs dans la colonne correspondante.
4. Interprétez l'élasticité lorsque le salaire passe de 14 à 16.

Solution

1. S'agit-il d'une question d'ordre micro-économique ?

Dans la mesure où il y a un arbitrage à faire entre un objectif, ici celui d'optimiser son temps et une contrainte, celle du coût du non-travail, il s'agit bien d'une question d'ordre micro-économique.

2. En quoi s'agit-il d'une fonction d'offre ?

Nous sommes bien dans le cadre d'une fonction d'offre puisqu'elle est croissante et qu'elle met en relation la quantité de travail que l'individu est prêt à mettre sur le marché (comme une entreprise est prête à mettre une quantité de produits sur le marché) et le salaire d'offre.

3. Calculez l'élasticité d'offre dans cette situation et reportez les valeurs dans la colonne correspondante.

Voici un exemple de calcul puis les résultats dans le tableau ci-après.

Lorsque le salaire passe de 10 à 12, le nombre d'étudiants prêts à travailler passe de 1 à 3. Soit :

$$((3 - 1)/1)/(12 - 10)/10) = 10.$$

Taux de salaire horaire	Nombre d'étudiants	Élasticité d'offre
10	1	
12	3	10
14	10	14
16	18	5.6
18	30	5.33
20	40	0

4. Interprétez l'élasticité lorsque le salaire passe de 14 à 16.

Dans cette situation, l'élasticité est de 5, 6. Cela signifie que si le salaire augmente de 1 %, l'offre de travail augmente de 5 %.

PARTIE 4

Le fonctionnement et les différents types de marché

Le fonctionnement du marché

Chapitre 11

Il nous appartient dans ce chapitre de montrer comment les comportements individuels s'agrègent pour que s'établissent les différents échanges entre offreurs et demandeurs avec la détermination du prix de cet échange.

1 Le passage de comportements individuels à l'offre et la demande de marché

■ *La demande individuelle et la demande de marché*

a) La construction de la demande de marché

On rappelle que la demande individuelle résulte des comportements optimaux des consommateurs. Or, on trouvera toujours des consommateurs prêts à acquérir le bien x au prix p_x et ce, quel que soit le prix. Dès lors, la demande est totalement élastique ; c'est une courbe quasi horizontale. L'élasticité prix de la demande tend vers $-\infty$.

Lorsque nous agrégeons les comportements individuels pour obtenir la demande de marché, au fur et à mesure que p_x augmente, on conçoit que de moins en moins de consommateurs soient prêts à acquérir le bien, de sorte que l'élasticité de la demande augmente progressivement, passant de $-\infty$ à 0.

b) La définition de la fonction de demande de marché

La fonction de demande relie les quantités demandées par les consommateurs et le prix de demande, c'est-à-dire le prix maximum auquel ils sont prêts à acquérir le bien ou le service.

Au-delà de ce prix, le coût d'acquisition devient supérieur à l'avantage retiré de l'acquisition de ce bien. La fonction de demande est décroissante.

Lorsqu'on place deux points a et b sur la fonction de demande, l'interprétation est la suivante : au prix p_a, les consommateurs achètent une quantité q_a. Lorsque le prix passe de p_a à p_b, soit une baisse du prix ($p_a > p_b$), on observe une hausse des quantités demandées ($q_a < q_b$).

La fonction de demande

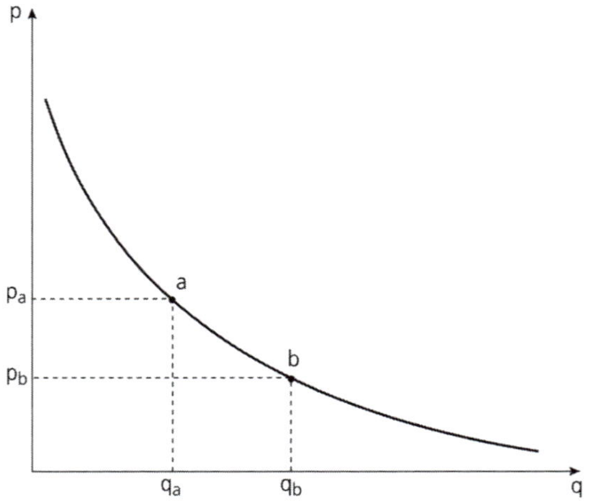

■ *L'offre individuelle et l'offre de marché*

a) La construction de l'offre de marché

On rappelle que l'offre individuelle résulte des comportements optimaux des offreurs. De plus, les producteurs se voient imposer le prix de vente du bien x qu'ils fabriquent, ainsi que les prix des facteurs si on suppose que le marché de x d'une part, de k et l d'autre part sont en concurrence pure et parfaite. Ainsi un producteur individuel ne peut agir sur ces prix et notamment sur le prix des facteurs de production.

De plus, rappelons que l'offre individuelle correspond à la portion croissante du coût marginal.

Si on agrège les comportements individuels, on obtient l'offre de marché. Or, selon l'importance de cette offre, le prix des facteurs de production peut varier. En effet, si l'offre de biens augmente, on recourt davantage aux facteurs, ce qui en fait augmenter le prix. De ce fait, il y a une répercussion à la hausse sur p_x.

Dès lors, l'offre individuelle est plus élastique que l'offre de marché. Pour l'offre individuelle, seul le prix d'offre fait augmenter la quantité offerte ; pour l'offre de marché, outre le prix, il y a aussi les coûts de production. Donc l'offre de marché est moins sensible à l'augmentation de p_x que ne l'est l'offre individuelle.

b) La définition de la fonction d'offre de marché

La fonction d'offre relie les quantités offertes par les entreprises et le prix d'offre, c'est-à-dire le prix minimum auquel elles sont prêtes à vendre leur production. En deçà de ce prix, elles ne mettent pas leur production sur le marché puisque le prix est inférieur au coût de production. Cette fonction est croissante.

Lorsqu'on prend deux points a et b sur une courbe d'offre, ils s'interprètent ainsi : le passage de a à b correspond à une hausse de l'offre ; le prix d'offre ayant augmenté, passant de p_a à p_b, les producteurs sont plus enclins à offrir le bien ; la quantité offerte passe donc de q_a à q_b.

La fonction d'offre

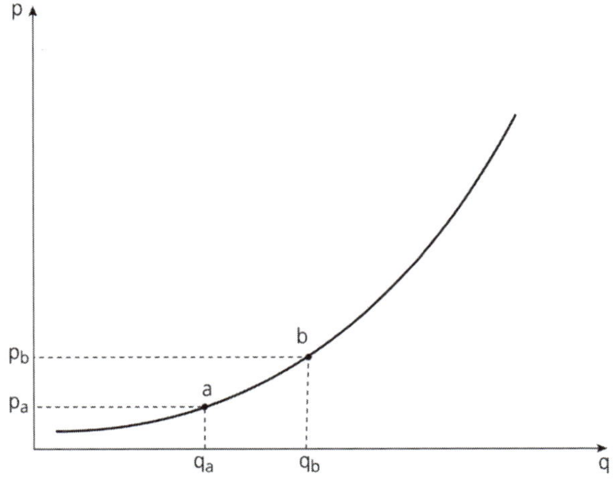

2 Le fonctionnement du marché

■ *Le marché*

a) La définition du marché

Un marché est un lieu sur lequel s'expriment une offre et une demande pour un bien, un service, un facteur de production etc. donné.

La rencontre de ces demandeurs et de ces offreurs permet une interaction entre eux, alors que le raisonnement que nous avons élaboré dans les chapitres précédents consistait à considérer que le comportement des uns était indépendant de celui des autres.

b) Le marché est réel ou fictif

Le marché, comme lieu de coordination entre les offreurs et les demandeurs peut être :

- ***réel*** : ce marché est réel si les acteurs sont réellement en présence ; le souk de Marrakech peut être un bon exemple de marché réel. En effet, les acheteurs et les vendeurs se confrontent et échangent des biens avec une détermination d'un prix d'équilibre ;
- ***fictif*** : il peut être fictif si les acteurs ne se rencontrent pas. Le marché boursier constitue un bon exemple d'un marché fictif. Pour caricaturer, les offreurs et les demandeurs manifestent leur volonté d'échanger à leurs agents de change ou à leurs conseillers financiers, lesquels relaient l'information à un système informatique (le marché) qui établit en fonction des offres et des demandes, le prix d'équilibre instantané. Il n'y a donc pas ici de rencontre « physique » entre offreurs et demandeurs.

■ *Le fonctionnement du marché*

a) La confrontation de l'offre et de la demande

L'interaction entre l'offre et la demande assure l'établissement d'une quantité et d'un prix d'équilibre.

Le marché : situation d'équilibre

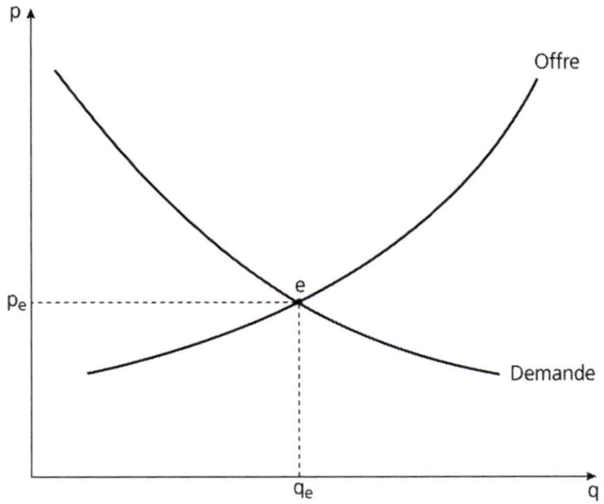

Au point e, l'offre et la demande sont égales ; ce qui ne signifie pas qu'elles soient totalement satisfaites.

b) Le mécanisme de marché

Pour analyser cette question, nous supposons d'abord que :

– ***la demande augmente*** : si le marché est en concurrence pure et parfaite, supposons que la demande pour un bien augmente (nous traversons un hiver rigoureux et la demande de vêtements chauds augmente). Dans ce cas, pour chaque niveau de prix, la demande augmente, de sorte qu'il y a un déplacement parallèle et vers la droite de la courbe de demande. Si l'offre reste constante, on constate une augmentation de la quantité d'équilibre et du prix d'équilibre.

Le marché en situation d'augmentation de la demande et d'une offre fixe

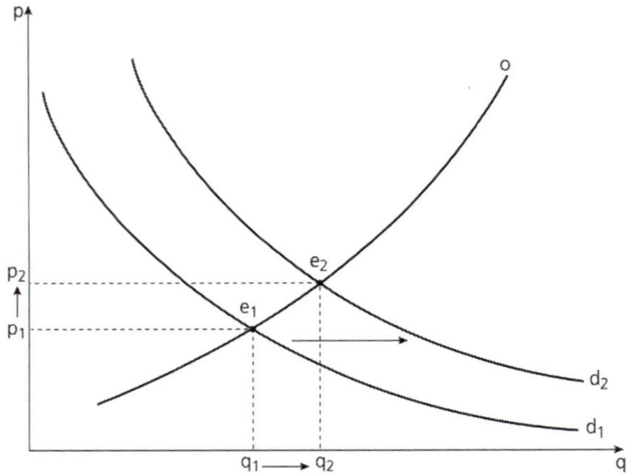

Le prix est donc la variable d'ajustement du marché ; il permet en ayant augmenté, de dissuader une partie de la demande (passage de e_1 à e_2 dans le graphique ci-dessus).

Si on lit le graphique ci-dessus de droite à gauche, on considère alors que la demande diminue, elle passe de d_2 à d_1, le prix d'équilibre ainsi que la quantité d'équilibre diminuent dans ce contexte (passage de e_2 à e_1).

– ***l'offre s'adapte et augmente*** : si l'offre s'adapte, c'est-à-dire augmente, ce qui est le cas si les capacités de production sont sous-utilisées, et sachant que les offreurs y sont incités puisque le prix d'équilibre a augmenté, la courbe d'offre se déplace alors vers la droite, ce qui fait que la quantité d'équilibre augmente tandis que le prix d'équilibre diminue (passage de e_2 à e_3 dans le graphique ci-dessous).

Le marché avec augmentation de la demande et augmentation de l'offre

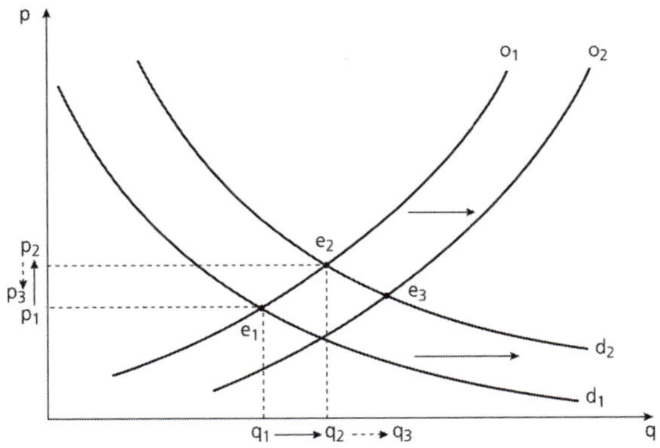

Si on lit le graphique ci-dessus de droite à gauche, on considère alors que l'offre diminue, elle passe de o_2 à o_1, le prix d'équilibre ainsi que la quantité d'équilibre augmentent dans ce contexte (passage de e_3 à e_2).

– ***l'offre augmente et la demande reste stable puis s'adapte :*** le prix d'équilibre diminue tandis que la quantité échangée augmente. Si à son tour la demande augmente, le prix réaugmentera, la quantité d'équilibre aussi.

Dès lors une baisse de prix sur un marché est le signe :

– soit d'une baisse de la demande, l'offre étant constante ;
– soit d'une hausse de l'offre, la demande étant constante.

De même, une hausse de prix sur un marché est le signe :

– soit d'une hausse de la demande, l'offre étant constante ;
– soit d'une baisse de l'offre, la demande étant constante.

Attention

Il ne faut pas confondre un déplacement le long d'une courbe de demande ou d'offre et un déplacement de la demande ou de l'offre. Pour les premiers, le prix d'offre ou de demande se modifie et on observe alors les quantités offertes et demandées qui en résultent, en tenant compte de la façon dont les acteurs optimisent leur situation. Pour les seconds, pour chacun des niveaux de prix, l'offre ou la demande évolue. Le prix de marché est alors affecté.

c) Les offres et les demandes non satisfaites

A l'équilibre, il y a égalité entre les quantités offertes et demandées. Pourtant, il existe :

- ***des offres insatisfaites***: une offre sera insatisfaite si le prix d'offre (prix minimum à partir duquel l'offreur est prêt à vendre son bien) est supérieur au prix d'équilibre. Si le marché de l'occasion des C3 propose généralement un prix de vente de 5 000 euros et qu'un offreur veut vendre la sienne à 6 000 euros, les caractéristiques étant en tout point identiques à celles du marché (homogénéité du produit), l'offre sera insatisfaite. En effet, le prix minimum fixé par cet offreur est de 6 000 euros tandis que le marché n'en propose que 5 000 ;
- ***des demandes insatisfaites***: une demande est insatisfaite si le prix de demande (prix maximum au-delà duquel il n'y a plus de demande) est inférieur au prix d'équilibre. Dans notre exemple précédent, un demandeur qui cherche une C3 à 4 000 euros ne verra pas sa demande satisfaite. En effet, 4 000 est le prix maximum qu'il est prêt à accepter pour acheter cette C3 et le marché les propose à 5 000.

Les offres et les demandes non satisfaites

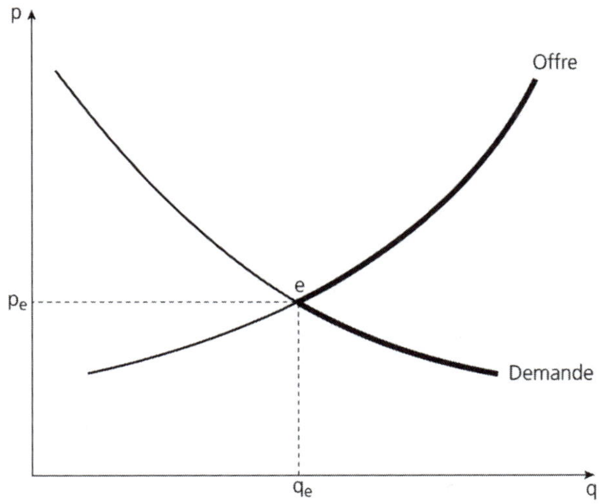

La portion en gras de la courbe de demande correspond aux demandes non satisfaites et celle de la fonction d'offre correspond aux offres non satisfaites.

d) Le surplus du consommateur et du producteur

Il s'agit du problème symétrique au précédent :

– ***le surplus du producteur*** : il a lieu lorsque le prix d'offre est inférieur au prix de marché. Reprenant le même exemple sur le marché des C3 d'occasion, si un offreur accepte de vendre à 4 000 et que le marché lui en propose 5 000, il fera un surplus égal à la différence entre le prix de marché et le prix d'offre, soit ici 5 000 – 4 000 = 1 000 euros. Ces 1 000 euros pourront être utilisés à d'autres usages. Il y a donc un surplus, réalisé par l'offreur ;

– ***le surplus du consommateur*** : il a lieu lorsque le prix d'équilibre est inférieur au prix de demande. Le consommateur est prêt à payer 6 000 euros pour une C3 mais le marché lui en propose une à 5 000 euros. Il bénéficie donc d'un surplus égal à la différence entre le prix de demande et le prix d'équilibre, soit ici 6 000 – 5 000 = 1 000 euros. Ces 1 000 euros ne constituent pas réellement une rentrée d'argent mais une somme qui aurait pu être dépensée pour la voiture et qui, du fait du surplus du consommateur, sera dépensée autrement.

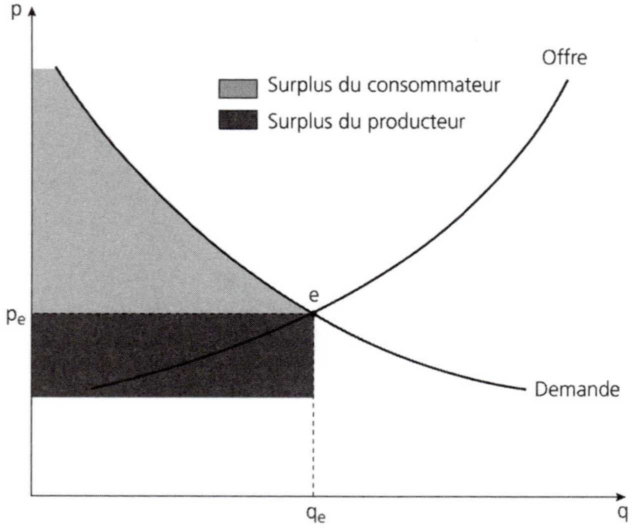

e) L'équilibre partiel et l'équilibre général

On distingue :

- ***l'équilibre partiel*** : il s'agit de l'équilibre sur un marché particulier, celui des C3 d'occasion par exemple. Ce type de marché a été mis en évidence par Marshall ;
- ***l'équilibre général*** : ce modèle a été développé par Walras. Si les prix assurent leur rôle de variables d'ajustement et en supposant une économie à n marchés, si n-1 marchés sont en équilibre (il s'agit d'équilibres partiels), le $n^{ième}$ marché sera lui aussi en équilibre.

3 Exercice corrigé

■ Énoncés

1) Expliquez pourquoi certains micro-économistes préconisent la suppression du SMIC (Salaire Minimum Interprofessionnel de Croissance).

2) Quelle est la logique de quota de production ? Pourquoi les économistes suggèrent-ils de le supprimer ?

Solutions

1) Dans un pays où le nombre de chômeurs est important, certains économistes préconisent de laisser faire le marché. Rappelons que les demandeurs de travail sont les entreprises puisque plus le salaire de demande augmente, moins elles sont enclines à recruter du personnel.

Symétriquement, les offreurs de travail sont les salariés puisque le temps de travail offert est d'autant plus important que le salaire d'offre est important.

Le chômage se traduit donc par un excès d'offre de travail par rapport à la demande. Pour revenir à l'équilibre sur ce marché, il conviendrait que les salaires s'ajustent à la baisse, ce qui conduit à penser comme nécessaire la suppression du SMIC.

2) Un quota de production consiste à limiter artificiellément le volume de production mis sur le marché (exemple des pays producteurs de pétrole). Ainsi, la courbe d'offre devient verticale : quel que soit le niveau de prix, le volume de production disponible est identique. De plus, l'offre étant limitée, le prix de marché augmente. C'est d'ailleurs la raison pour laquelle l'instauration de quotas est proposée.

Les économistes proposent de les supprimer de façon à ce que la liberté des prix soit respectée. De façon générale, la suppression des quotas conduit à la baisse du prix de marché, ce qui constitue un avantage pour les consommateurs.

Les différents types de marchés

Chapitre 12

Nous avons raisonné jusqu'ici comme si tous les marchés étaient en situation de concurrence pure et parfaite, ce qui n'est que très rarement le cas dans la réalité. En particulier, la plupart des marchés ne respectent pas la règle de l'atomicité de la concurrence pure, de sorte que les acteurs ont une marge pour fixer le prix d'équilibre.

1 Le monopole et le monopsone

■ Le monopole

a) La définition du monopole

Un monopole est un marché sur lequel la règle d'atomicité ne concerne que les demandeurs ; l'offreur étant unique. On rappelle que l'atomicité est la règle de concurrence pure et parfaite qui pose qu'il existerait une infinité d'offreurs et de demandeurs sur un marché. Le prix est alors fixé par le marché.

b) L'équilibre du monopole

Le monopoleur étant le seul à fixer le prix (*price-maker*), il le fera de sorte que ce prix sera supérieur à ce qu'il aurait été en concurrence pure et parfaite, tout en ne dissuadant pas la demande. En effet, alors que la recette moyenne est constante en concurrence pure et parfaite, elle est décroissante en monopole puisque cet offreur a face à lui l'ensemble de la demande de marché et que celle-ci est une fonction décroissante du prix. Il aura donc tendance à offrir un volume de production moindre que celui qu'il aurait offert en concurrence pure et parfaite. En particulier, il fixera l'offre de telle sorte que la baisse de cette dernière compense la hausse du prix d'équilibre.

Notons qu'il convient de considérer l'élasticité de la demande sachant qu'*a priori*, les demandeurs ne trouveront pas le bien ou le service ailleurs que chez ce monopoleur. En toute hypothèse, le surplus du consommateur sera partiellement, voire totalement utilisé en cas de monopole. L'acheminement des voyageurs par la SNCF est un monopole.

On considérera qu'il n'y a qu'une sorte de monopsone mais qu'il y a plusieurs sortes de monopoles.

c) Les différents types de monopoles

Plusieurs situations amènent à la constitution de monopoles :

- ***le monopole naturel*** : c'est une situation dans laquelle le marché, à l'origine en concurrence, a vu son nombre d'offreurs se réduire progressivement, du fait de coûts fixes trop importants par exemple ou parce que des phénomènes de concentration importants se sont manifestés, laissant peu à peu la place à un seul offreur. On parle de monopole naturel au sens où il résulte du fonctionnement « naturel » du marché. La SNCF peut, à ce titre, être considérée comme un monopole naturel. En effet, dans le passé, existaient des lignes ferroviaires privées qui ont peu à peu disparu au profit d'une seule société qui a finalement été nationalisée.
  En général, ce type de monopole se caractérise par le fait que leurs rendements d'échelle sont croissants, du fait justement des coûts d'infrastructure importants, qui diminuent en moyenne si l'échelle de production augmente ;
- ***le monopole bilatéral :*** c'est une forme particulière de marché dans laquelle il y a à la fois un monopsone et un monopole ;
- ***le monopole discriminant :*** c'est une forme de monopole dans laquelle l'offreur profite de la capacité à payer de certains agents et pratique des prix différenciés, selon le segment de clientèle. Ainsi, il profite, de manière différenciée, du surplus du consommateur. Par exemple, une compagnie de bus urbains d'une agglomération qui pratique des tarifs différents selon que les clients sont étudiants, âgés, sans emploi... constitue un monopole discriminant.

■ *Le monopsone*

Le monopsone est quant à lui un marché où il y a une infinité d'offreurs et un demandeur unique. Il est donc le seul à fixer le prix ; il le fera bien sûr en tenant compte des offreurs qui de toute façon doivent respecter leur contrainte de coût. Ce prix sera donc situé à un niveau inférieur à ce qu'il aurait été en situation de concurrence. Ainsi, le surplus du producteur est partiellement voire totalement utilisé. Citons comme exemple, une centrale d'achats pour une enseigne de la grande distribution. Acheteuse unique, elle peut obtenir des prix plus faibles que ce qu'ils auraient été si chaque magasin de l'enseigne avait négocié ses prix.

2 L'oligopole et l'oligopsone

■ *L'oligopole*

L'oligopole est une forme de marché dans laquelle il y a un nombre limité d'offreurs. Par exemple, les grandes surfaces d'une agglomération peuvent constituer un oligopole. Le prix qu'elles pratiquent est compris, *a priori*, entre le prix de concurrence et le prix de monopole (il n'est pas forcément situé exactement au milieu). Contrairement aux marchés de concurrence pure et parfaite, les oligopoles ont la capacité de fixer non seulement leurs prix mais aussi le volume de production. Le prix n'est donc pas donné par le marché comme c'est le cas en concurrence. Ils fixent volume de production et prix, soit de façon coopérative, soit de façon non coopérative. Dans la mesure où il n'y a que quelques offreurs, ils peuvent s'entendre sur les quantités que chacun des acteurs va mettre sur le marché et sur les prix pratiqués. Notons que ceci est possible sur le plan économique, mais interdit par les lois anti-trust, notamment au plan européen. À l'inverse, les monopoleurs peuvent ne pas s'entendre et adopter des stratégies non coopératives. Les membres d'un oligopole peuvent donc avoir des comportements stratégiques, ce qui est impossible en concurrence du fait de l'atomicité des acteurs.

■ *L'oligopsone*

L'oligopsone est une forme de marché dans laquelle il y a un nombre limité de demandeurs. On peut citer les écoles qui s'approvisionnent en fournitures scolaires. Le prix d'oligopsone est situé entre le prix de concurrence et le prix du monopsone sans être nécessairement au milieu.

■ *La concurrence monopolistique*

C'est la forme de marché probablement la plus répandue. Les entreprises sont en situation de concurrence mais elles produisent un bien ou un service qui lui, est suffisamment différencié pour qu'elles soient, sur ce produit, en situation de monopole. Ce ne sont donc pas les entreprises mais le produit qui est en monopole. Il y a donc possibilité de réaliser des sur-profits sur ces niches mais les concurrents chercheront à fabriquer le même bien, ce qui réduira voire annihilera cet avantage.

■ *Les marchés contestables*

Supposons un oligopole qui fabrique un bien ou un service pour lequel :

- il n'y a pas de barrières à l'entrée (pas de coûts d'infrastructure importants notamment) ;
- une profitabilité rapide ;
- une demande non saturée.

Dans ce cas, des concurrents potentiels peuvent chercher à entrer sur ce marché (contester le marché). En effet, ces concurrents y sont incités d'une part parce que la demande n'est pas saturée et parce que le profit est rapide à réaliser. De plus, comme le marché est en situation d'oligopole, le prix de vente se fixe à un niveau supérieur au prix de concurrence pure et parfaite. Un marché contestable est donc un marché sur lequel une concurrence potentielle existe et est susceptible d'entrer sur ce marché.

Pour éviter que de nouveaux concurrents n'entrent sur le marché, les acteurs déjà présents auront intérêt à pratiquer, comme c'est le cas en concurrence pure et parfaite, une tarification au coût marginal.

3 Exercice corrigé

Énoncé

Soit une entreprise de services à la personne. Elle est localisée dans un village et n'a donc pas de concurrents directs. Elle pratique un prix de vente de 10 euros, alors que si ce marché était en concurrence, le prix serait de 6 euros.

1. Montrez pourquoi cette entreprise peut pratiquer un prix plus élevé qu'en concurrence pure et parfaite.

2. Montrez que ce prix absorbe partiellement le surplus du consommateur.

3. Montrez que ce marché est contestable.

Solution

1. Montrez pourquoi cette entreprise peut pratiquer un prix plus élevé qu'en concurrence pure et parfaite.

Comme elle est en monopole, les agents de ce village qui ont besoin de ce service à la personne ne peuvent avoir recours qu'à cette entreprise. De plus, cette situation de monopole permet de pratiquer un prix supérieur au coût marginal.

2. Montrez que ce prix absorbe partiellement le surplus du consommateur.

Supposons qu'un consommateur ait un prix de demande de 12 euros. Ceci signifie qu'il est prêt à payer au maximum 12 euros pour utiliser ce service. Si ce marché était en concurrence, son surplus serait égal à 12 – 6 = 6 euros. Comme le marché est ici en monopole, le surplus est de 12 – 10 = 2 euros. Le monopole absorbe donc partiellement le surplus du consommateur.

3. Montrez que ce marché est contestable.

Sur ce type de marché, si on suppose que la demande n'est pas saturée, l'entrée d'un nouveau concurrent n'implique pas des coûts d'entrée importants et la profitabilité peut être rapide. Il s'agit donc d'un marché contestable. Pour empêcher l'entrée d'un nouveau concurrent, il suffirait que l'entreprise pratique un prix de 6 euros au lieu de 10 euros. On rappelle qu'en concurrence pure et parfaite, le prix est égal au coût marginal. De ce fait, l'entrée d'un nouveau concurrent, si elle n'est pas impossible, est pour le moins découragée.

Partie 5

Les prix, la concurrence imparfaite et la place de l'analyse micro-économique

Le rôle des prix en micro-économie

CHAPITRE
13

Dans les chapitres qui précèdent, nous avons évoqué les prix sans préciser davantage le rôle qu'ils ont en micro-économie. Or, qu'il s'agisse du prix des biens et services produits ou consommés, ou du prix des facteurs, le prix revêt des significations micro-économiques qu'il nous appartient de présenter.

1 Le rôle de coordination des prix

■ *Les prix au niveau individuel*

a) Les prix de demande

Ils se fixent de façon subjective : ils reflètent le coût qu'un agent est prêt à payer, au maximum, pour obtenir le bien. Il met ce coût en perspective avec l'avantage, c'est-à-dire l'utilité marginale qu'il peut en retirer. Dès lors, le prix du tabac peut apparaître comme peu élevé à un agent gros consommateur tandis qu'il paraîtra excessif à un non-fumeur. L'avantage retiré du tabac est grand dans le premier cas, tandis qu'il est quasi nul dans le second. Le prix reflète alors la satisfaction individuelle (subjective) de l'agent.

b) Les prix d'offre

Les prix d'offre dépendent, au niveau individuel, des coûts de production de l'entreprise. Dès lors, ils peuvent varier selon :

– ***la technique de production*** (on rappelle qu'il s'agit du rapport capital/travail). En effet, dans la mesure où les facteurs de production sont supposés mobiles, et que la substitution factorielle est possible, le producteur adoptera une technique de production qui favorise l'utilisation du facteur le moins cher. Notons que la substitution factorielle n'est pas toujours possible : il est difficile, dans le secteur de l'aide à la personne ou de la santé, de substituer du capital au travail ;

– *la taille de l'entreprise* : la modification de la taille de l'entreprise, dans la mesure où elle permet des rendements d'échelle, favorise la diminution du coût moyen de production et assure, si nous sommes à l'optimum du producteur, le coût marginal minimum. Ainsi, une baisse du coût marginal permet de proposer un prix d'offre plus faible, ce qui va stimuler la demande. Par exemple, pour satisfaire une directive européenne, la France doit autoriser, par voie législative, les laboratoires d'analyse médicale à se regrouper afin de faire des économies d'échelle et, par suite, diminuer les prix des actes ; ce qui doit concourir à réduire le coût desdites analyses pour la Sécurité sociale (*Les Échos*, « Analyses médicales : big band dans les labos », 30 avril 2008).

■ *Les prix au niveau du marché*

a) La détermination du prix d'équilibre

La détermination d'un prix d'équilibre permet la coordination des comportements individuels. En effet, chaque agent compare le prix du marché aux prix d'offre et de demande et décide, in fine, d'effectuer ou non la transaction (voir les notions de demandes et d'offres non satisfaites et le surplus du consommateur et du producteur, Chapitre 11).

b) Le prix est vecteur d'information

Pour que ce rôle de coordination soit vrai, il convient que le prix d'équilibre soit censé être connu de tous les acteurs du marché (information parfaite de la concurrence pure et parfaite).

2 La régulation des prix par le marché

■ *Le modèle du commissaire-priseur*

Supposons un marché réel dans lequel on rassemble dans un même lieu les offreurs et les demandeurs d'un même bien. Le commissaire-priseur recense l'ensemble des demandes et des offres et en fonction des informations collectées, fixe le prix d'équilibre.

En fonction de l'importance des offres et des demandes exprimées, le prix varie à la hausse si l'offre est insuffisante ou si la demande est trop importante et à la baisse dans le cas inverse. Sur les marchés boursiers totalement informatisés, le commissaire-priseur n'existe bien sûr pas en tant que tel, mais le modèle de fonctionnement de ces marchés s'y apparente.

Les implications et la limite du modèle du commissaire-priseur

Ce modèle est considérablement restrictif dans la mesure où rares sont les situations dans lesquelles l'ensemble des offreurs et des demandeurs sont rassemblés et pour lesquels un commissaire-priseur est apte à déterminer le prix d'équilibre. Celui-ci ne se fixe pas nécessairement au niveau de la concurrence pure et parfaite, même si ce marché est bien en concurrence. Par exemple, il y a une infinité de demandeurs et d'offreurs de télévisions, mais dans la réalité, le comportement de l'ensemble des acteurs n'est pas connu en temps réel. De ce fait, le prix des téléviseurs s'apparente davantage à un prix d'oligopole qu'à un prix de concurrence pure et parfaite.

3 Le prix et l'information sur le marché

Nous allons montrer l'ensemble des informations potentielles que le prix recèle.

L'état du marché

a) La rareté des biens

L'adage populaire nous apprend que « tout ce qui est rare est cher ». On retrouve ici cette idée. Un bien rare veut dire que son offre est très limitée. À l'extrême, la variation de l'offre est nulle. Il s'agit d'une offre totalement inélastique au prix.

Si on nuance nos propos, une offre quasiment inélastique au prix, c'est-à-dire quasiment verticale, place le marché dans la même situation. Les prix seront sans doute élevés.

b) L'excès de la demande

Un prix élevé peut être le signe d'une demande forte, voire saturée. L'augmentation du prix vise à faire baisser la demande.

c) L'excès de l'offre

Une offre importante entraîne que les prix diminuent sur le marché. C'est le cas par exemple d'une sur-production alimentaire.

d) Une demande faible

Si la demande pour un bien est faible, les prix de marché seront faibles.

Si prix élevés :
→ offre restreinte = déplacement de l'offre vers la gauche
ou
→ demande excessive = déplacement de la demande vers la droite
Si prix faibles :
→ offre excessive = déplacement de la courbe d'offre vers la droite
ou
→ demande restreinte = déplacement de la demande vers la droite

NB : pour visualiser ce qui précède, reportez-vous au chapitre 11 sur le déplacement des courbes d'offre et de demande.

■ *Le prix reflète la satisfaction du demandeur*

Un prix élevé peut refléter le niveau de satisfaction d'un demandeur. Celui-ci est prêt à assumer un prix important parce qu'il estime que sa satisfaction subjective est importante. Ainsi, un demandeur peut accepter de payer plus cher un service de téléphonie mobile parce qu'il estime que sa satisfaction est meilleure avec cet opérateur, pourtant plus cher.

■ *Le prix et les coûts de production*

On rappelle qu'à l'optimum du producteur en concurrence pure et parfaite, le prix est égal au coût marginal. Ainsi, le prix reflète le coût de production du producteur. Le prix d'un bien est donc d'autant plus important que les coûts de production le sont aussi.

■ *Le prix et le risque*

Le prix peut intégrer la notion de risque, notamment sur les marchés financiers. Pour contrecarrer l'instabilité d'un cours boursier, c'est-à-dire son risque, l'agent peut être prêt à payer une prime de risque pour s'en couvrir. Le système des assurances est d'ailleurs fondé sur la manière dont les agents anticipent le risque et sont prêts à payer une prime plus ou moins importante pour s'assurer.

■ *Le prix et les anticipations*

Ils informent sur les anticipations des acteurs : le prix des denrées alimentaires peut augmenter parce que les producteurs anticipent une demande forte ou bien une mauvaise récolte dans l'avenir.

Les prix et leur fonction d'incitation

Il s'agit de fixer des prix de sorte que les agents adoptent un comportement voulu d'avance. Par exemple, la pratique des soldes de façon bi-annuelle incite les agents à acheter davantage.

4 Les limites de la fixation des prix

Signalons principalement deux limites à la fixation des prix par le marché.

Les prix sont « myopes »

Les prix donnent des informations de court terme ; ils ne sont pas aptes à fournir des informations à long terme. Par exemple, les prix n'intègrent pas les phénomènes de pollution liés aux produits dont ils mesurent la valeur. Autrement dit, le prix mesure la valeur du bien acheté ou offert mais pas la pollution liée à la fabrication ou à l'usage de ce bien. Ces effets sont mal connus, incertains et leur implication sur la santé ou la Sécurité sociale sont aléatoires.

L'asymétrie de l'information

L'exemple désormais classique est celui du vendeur de voitures d'occasion qui connaît mieux les voitures qu'il vend que l'acheteur (modèle d'Akerloff). Si le vendeur est persuadé que la voiture qu'il vend est de bonne qualité, il la « sort du marché » et la cède à sa famille ou à des amis, de sorte que les prix baissent sur ce marché, faisant sortir des offreurs. Le prix ne joue ici pas son rôle d'information sur le marché de la voiture d'occasion. De plus, il se retrouve avec les plus mauvaises voitures.

Cette approche s'étend notamment au marché de l'assurance, laquelle ne connaît pas les caractéristiques exactes de ses clients.

5 Exercice corrigé

Énoncé

Expliquez pourquoi :

1. Le tarif des médecins spécialistes est élevé.
2. Les agents économiques peuvent accepter de consulter un médecin spécialiste pratiquant des dépassements d'honoraires importants.

■ Solution

1. Le tarif des médecins spécialistes est élevé.

Pour devenir médecin spécialiste, il faut un nombre important d'années d'études d'une part et d'autre part, il existe un numerus clausus limitant l'offre de médecins. Ainsi, l'offre globale de médecins est restreinte. De plus, elle ne peut pas s'adapter instantanément à la demande. Or, comme cette dernière est importante, le prix augmente.

2. Les agents économiques peuvent accepter de consulter un médecin spécialiste pratiquant des dépassements d'honoraires importants.

Si l'on suppose des agents atteints d'une pathologie importante, ils ont une certaine aversion au risque, subjective selon les individus. Pour une pathologie donnée, certains considéreront un risque subjectif plus important que d'autres. Pour les premiers, ils accepteront de payer un prix plus important pour « contrecarrer » leur aversion au risque.

La concurrence imparfaite

Chapitre 14

Jusqu'ici, nous avons raisonné en respectant les 5 règles de la concurrence pure et parfaite. Nous avons déjà abordé le non-respect de certaines d'entre elles dans les chapitres précédents : non-atomicité des acteurs dans le cadre du monopole et de l'oligopole... ; la non-homogénéité du produit par exemple dans le cadre de la concurrence monopolistique, et l'information imparfaite dans le cadre de l'asymétrie de l'information.

1 Les barrières à l'entrée et à la sortie du marché

La notion de barrière

Sur un marché, il ne doit y avoir ni barrières à l'entrée (qu'il s'agisse de barrières légales, ou du fait de coûts importants d'infrastructure notamment), ni de barrières à la sortie (les acteurs doivent pouvoir sortir du marché sans coût).

Les conséquences de barrières à l'entrée et à la sortie

La conséquence des barrières à l'entrée se résume essentiellement au fait que lorsqu'elles existent, elles conduisent à des situations de monopole ou d'oligopole. Dès lors, les prix font l'objet d'une décision des offreurs et ne sont plus réellement régis par la loi du marché.

Une telle situation conduit à une allocation non optimale des ressources : une partie du surplus du consommateur et/ou du producteur peut être absorbée.

S'il y a des barrières à la sortie, il peut être stratégique de ne pas entrer sur le marché afin de ne pas prendre le risque de devoir assumer le coût de sortie du marché. Ainsi, des demandes peuvent ne pas être satisfaites du fait de l'instauration de barrières à la sortie.

2 La mobilité des facteurs de production

La notion de mobilité des facteurs de production

On entend par mobilité des facteurs de production le fait essentiellement que la technique de production, c'est-à-dire le rapport capital/travail varie. Cette mobilité des facteurs peut consister par exemple à substituer le capital au travail, soit parce que le capital est moins onéreux que le travail, soit parce que la production est plus importante ou augmente plus vite si l'on produit avec du capital plutôt qu'avec du travail. Par ailleurs, la mobilité des facteurs peut concerner la modification de la qualité desdits facteurs. En effet, le niveau de formation initiale est plus élevé dans les pays occidentaux ; on peut considérer qu'il s'agit d'une forme de mobilité du facteur travail dans la mesure où ce facteur s'adapte aux exigences du marché.

Le phénomène de délocalisations est un des aspects de la mobilité des facteurs : les entreprises profitent du coût faible du travail pour fabriquer des biens intenses en facteurs travail, c'est-à-dire des biens pour lesquels la machine ne peut remplacer le travail humain. Dans ce contexte, le phénomène de relocalisation, complémentaire du précédent, renvoie, lui aussi, à la mobilité des facteurs : il s'agit ici de modifier les fonctions attribuées aux facteurs. Par exemple, le facteur travail est dévolu aujourd'hui aux fonctions de service plus qu'à des fonctions purement industrielles. Les agents travaillent davantage dans les services comptabilité, marketing, commercial, ou bien ont des fonctions de contrôle de la production.

La non-mobilité des facteurs de production

Il est des secteurs où, de fait, la mobilité n'est pas possible ou à tout le moins difficile : on ne peut pour le moment construire une maison grâce à des machines ; l'intervention humaine reste indispensable. Même si le « plombier polonais » qui a fait couler beaucoup d'encre est un des signes de mobilité factorielle, la règle dans ce domaine, est plutôt la non-mobilité.

La conséquence est que le coût marginal, qui commande le prix d'offre ne peut varier en fonction du marché. Par exemple, si le facteur capital voit son coût relatif par rapport au travail diminuer et que dès lors les entrepreneurs sont incités à utiliser davantage de capital, ils ne pourront le faire si les facteurs sont peu, voire pas mobiles. Dès lors, le coût marginal restera constant ou augmentera puisque le coût relatif du travail aura augmenté. Le prix d'offre étant directement relié au coût marginal, les offreurs ne seront pas enclins à le baisser du fait de la baisse du coût relatif du capital. Finalement, le prix de marché qui, lui, s'adapte à l'offre et à la demande, fluctuera moins que si les facteurs étaient restés mobiles. L'allocation optimale des ressources est donc moindre lorsque la mobilité factorielle est insuffisante voire inexistante.

La place de l'analyse micro-économique

CHAPITRE
15

Au cours de cet ouvrage, nous avons raisonné comme si la micro-économie constituait une discipline exclusive de l'économie et comme si toutes les questions pouvaient être étudiées à l'aune de cette approche. Nous allons montrer ici en quoi elle est en effet une discipline autonome et sa nécessaire complémentarité avec d'autres approches.

1 La micro-économie comme discipline autonome

Dans cet ouvrage, l'objectif était de mettre en évidence les outils essentiels utilisés en micro-économie, en particulier, les principes d'optimisation sous contrainte conduisant à l'allocation la meilleure possible des ressources supposées rares. Il était aussi de présenter les principaux types de marchés et leurs imperfections.

Nous avons raisonné comme si cette discipline était autonome pour permettre une bonne appropriation des différents outils.

2 La remise en cause des principales hypothèses de la micro-économie

■ *La rationalité*

Nous avons admis que les agents sont rationnels, c'est-à-dire qu'on les a supposés aptes à faire le meilleur choix pour eux. Or, ce principe de rationalité dite substantive est remis en question par des auteurs comme Herbert Simon (1916-2001) qui lui préfère la notion de rationalité procédurale. Il s'agit de tenir compte, dans le choix des acteurs, de l'environnement juridique, institutionnel, des valeurs et normes sociales, des sentiments et des émotions des agents eux-mêmes.

■ La divisibilité des biens et des facteurs

Nous avons fait l'hypothèse que les biens et les facteurs sont divisibles. Cela signifie qu'on peut toujours les faire augmenter d'une quantité infiniment petite. Or, ceci n'est pas vrai dans la réalité. Il serait plus pertinent de raisonner de façon non divisible, ce qui aurait pour conséquence que les préférences deviendraient discontinues et la fonction de production aussi.

3 Une analyse nécessaire mais non suffisante

■ La micro-économie et le contexte économique

Les comportements micro-économiques, s'ils ont une légitimité en termes de compréhension de l'économie, ne dispensent pas d'une réflexion concernant le contexte économique dans lequel ils s'inscrivent. Un monde dans lequel les prix du pétrole s'envolent, l'offre de produits des pays émergents connaît une croissance importante, la croissance dans les pays occidentaux (européens en particulier) augmente peu, modifie à n'en pas douter les comportements. Ce contexte ne remet pas en question la recherche de situations optimales mais réoriente les choix des agents.

■ La micro-économie et la psychologie

Par ailleurs, les travaux de Smith notamment, prix Nobel d'économie en 2002, montrent aussi que les comportements ne sont pas uniquement mus dans des critères strictement économiques. Leur dimension psychologique est indéniablement à prendre en considération. On sait par exemple aujourd'hui que les comportements des consommateurs tiennent à l'idée (anticipation) qu'ils se font de la situation économique, laquelle se fonde sur des critères économiques mais aussi et peut-être tout autant, sur des éléments liés à leurs croyances sur l'évolution de la situation économique ou sur le comportement des autres acteurs.

■ La juxtaposition des approches micro-économique et macro-économique

a) De la micro-économie à la macro-économie

Si nous restons, volontairement, dans le cadre strict de l'économie, les comportements micro-économiques individuels conduisent à l'équilibre général (c'est le principe de la main invisible d'Adam Smith). Ce postulat sera formalisé par la loi de Walras. Ainsi, l'analyse macro-économique favoriserait la mise en œuvre de ces comportements et assurerait la pleine flexibilité des marchés, notamment pour que les prix jouent leur rôle d'ajustement des déséquilibres et que les ressources soient allouées de façon optimale au sens de Pareto. La promotion de la concurrence, la liberté des prix, leur évolution selon les forces du marché sont alors promues.

b) De la macro-économie à la micro-économie

À l'initiative de Keynes, qui considère que la macro-économie constitue une discipline autonome, d'autres auteurs postulent que c'est à partir des politiques économiques menées que les comportements des acteurs se forment. Par exemple, c'est à partir de la défiscalisation des heures supplémentaires votée par le législateur en 2007 que les acteurs, entreprises et ménages adapteront leurs comportements. Ainsi, les comportements micro-économiques conservent leur raison d'être mais sont conditionnés par les décisions de politique économique. Il s'agit donc d'une perspective inverse de la précédente dans la mesure où on considère ici que le marché n'est pas apte à conduire l'économie spontanément à l'équilibre mais que des actions sont seules habilitées à un retour à l'équilibre.

BIBLIOGRAPHIE

- GABSZEWICZ (J.), *La concurrence imparfaite*, La Découverte, coll. « Repères », 2005.
- GENDRON (B.), SAKER (A.), *Économie DCG 5*, Gualino éditeur, 2013.
- GÉNÉREUX (J.), *Économie politique, tome I : Introduction et microéconomie*, Hachette Supérieur, coll. « Les Fondamentaux », 2001.
- GUERRIEN (B.), *La théorie économique néo-classique, Tome 1 : Microéconomie*, La Découverte, coll. « Repères », 2004.
- Alternatives Économiques, *L'état de l'économie 2008*, Hors-série n° 76, 2008.
- Les Cahiers Français, *La microéconomie en pratique*, n° 327, août 2005.